全国"七五"普法学习读本
★ ★ ★ ★ ★

防灾减灾法律法规学习读本

预防气象灾害和抗旱法律法规

王金锋 主编

加大全民普法力度，建设社会主义法治文化，树立宪法法律至上、法律面前人人平等的法治理念。

——中国共产党第十九次全国代表大会《决胜全面建成小康社会 夺取新时代中国特色社会主义伟大胜利》

汕头大学出版社

图书在版编目（CIP）数据

预防气象灾害和抗旱法律法规 / 王金锋主编. -- 汕头：汕头大学出版社，2018. 5
（防灾减灾法律法规学习读本）
ISBN 978-7-5658-2955-0

Ⅰ. ①预… Ⅱ. ①王… Ⅲ. ①气象灾害-灾害防治-法律-中国-学习参考资料②抗旱-法律-中国-学习参考资料 Ⅳ. ①D922. 182. 14

中国版本图书馆 CIP 数据核字（2018）第 035719 号

预防气象灾害和抗旱法律法规 YUFANG QIXIANG ZAIHAI HE KANGHAN FALÜ FAGUI

主　　编：	王金锋
责任编辑：	邹　峰
责任技编：	黄东生
封面设计：	大华文苑
出版发行：	汕头大学出版社
	广东省汕头市大学路 243 号汕头大学校园内　邮政编码：515063
电　　话：	0754-82904613
印　　刷：	三河市祥宏印务有限公司
开　　本：	690mm×960mm 1/16
印　　张：	18
字　　数：	226 千字
版　　次：	2018 年 5 月第 1 版
印　　次：	2018 年 6 月第 1 次印刷
定　　价：	59.60 元（全 2 册）

ISBN 978-7-5658-2955-0

发行/广州发行中心　通讯邮购地址/广州市越秀区水荫路 56 号 3 栋 9A 室　邮政编码/510075
电话/020-37613848　传真/020-37637050

版权所有，翻版必究
如发现印装质量问题，请与承印厂联系退换

前　言

习近平总书记指出："推进全民守法，必须着力增强全民法治观念。要坚持把全民普法和守法作为依法治国的长期基础性工作，采取有力措施加强法制宣传教育。要坚持法治教育从娃娃抓起，把法治教育纳入国民教育体系和精神文明创建内容，由易到难、循序渐进不断增强青少年的规则意识。要健全公民和组织守法信用记录，完善守法诚信褒奖机制和违法失信行为惩戒机制，形成守法光荣、违法可耻的社会氛围，使遵法守法成为全体人民共同追求和自觉行动。"

2016年4月，中共中央、国务院转发了《中央宣传部、司法部关于在公民中开展法治宣传教育的第七个五年规划（2016—2020年）》，简称"七五"普法规划。并发出通知，要求各地区各部门结合实际认真贯彻执行。通知指出，全民普法和守法是依法治国的长期基础性工作。深入开展法治宣传教育，是贯彻落实党的十八大和十八届三中、四中、五中全会精神的重要任务，是实施"十三五"规划、全面建成小康社会和新农村的重要保障。

"七五"普法规划指出：各地区各部门要根据实际需要，从不同群体的特点出发，因地制宜开展有特色的法治宣传教育……坚持集中法治宣传教育与经常性法治宣传教育相结合，深化法律进机关、进乡村、进社区、进学校、进企业、进单位的"法律六进"主题活动，完善工作标准，建立长效机制。

特别是农业、农村和农民问题，始终是关系党和人民事业发展的全局性和根本性问题。党中央、国务院发布的《关于推进社会主义新农村建设的若干意见》中明确提出要"加强农村法制建设，深入开展农村普法教育，增强农民的法制观念，提高农民依法行使权利和履行义务的自觉性。"多年普法实践证明，普及法律知识，提高法制观念，增强全社会依法办事意识具有重要作用。特别是在广大农村进行普法教育，是提高全民法律素质的需要。

多年来，我国在农村实行的改革开放取得了极大成功，农村发生了翻天覆地的变化，广大农民生活水平大大得到了提高。但是，由于历史和社会等原因，现阶段我国一些地区农民文化素质还不高，不学法、不懂法、不守法现象虽然较原来有所改变，但仍有相当一部分群众的法制观念仍很淡化，不懂、不愿借助法律来保护自身权益，这就极易受到不法的侵害，或极易进行违法犯罪活动，严重阻碍了全面建成小康社会和新农村步伐。

为此，根据党和政府的指示精神以及"七五"普法规划，特别是根据广大农村农民的现状，在有关部门和专家的指导下，特别编辑了这套《全国"七五"普法学习读本》。主要包括了广大人民群众应知应懂、实际实用的法律法规。为了辅导学习，附录还收入了相应法律法规的条例准则、实施细则、解读解答、案例分析等；同时为了突出法律法规的实际实用特点，兼顾地方性和特殊性，附录还收入了部分某些地方性法律法规以及非法律法规的政策文件、管理制度、应用表格等内容，拓展了本书的知识范围，使法律法规更"接地气"，便于读者学习掌握和实际应用。

在众多法律法规中，我们通过甄别，淘汰了废止的，精选了最新的、权威的和全面的。但有部分法律法规有些条款不适应当下情况了，却没有颁布新的，我们又不能擅自改动，只得保留原有条款，但附录却有相应的补充修改意见或通知等。众多法律法规根据不同内容和受众特点，经过归类组合，优化配套。整套普法读本非常全面系统，具有很强的学习性、实用性和指导性，非常适合用于广大农村和城乡普法学习教育与实践指导。总之，是全社会"七五"普法的良好读本。

目 录

中华人民共和国气象法

第一章　总　则 ………………………………………（2）
第二章　气象设施的建设与管理 ……………………（3）
第三章　气象探测 ……………………………………（4）
第四章　气象预报与灾害性天气警报 ………………（6）
第五章　气象灾害防御 ………………………………（7）
第六章　气候资源开发利用和保护 …………………（8）
第七章　法律责任 ……………………………………（9）
第八章　附　则 ………………………………………（11）
附　录
　中国民用气象工作规则 ……………………………（12）
　气象设施和气象探测环境保护条例 ………………（55）
　关于进一步加强公路交通气象服务工作的通知 …（62）

气象灾害防御条例

第一章　总　则 ………………………………………（65）
第二章　预　防 ………………………………………（67）
第三章　监测、预报和预警 …………………………（70）
第四章　应急处置 ……………………………………（72）
第五章　法律责任 ……………………………………（74）
第六章　附　则 ………………………………………（76）

附　录
　　气象灾害预警信号发布与传播办法 …………………… （77）
　　国务院办公厅关于加强气象灾害监测预警及
　　　信息发布工作的意见 ……………………………… （81）

气象行政处罚办法

　第一章　总　则 ……………………………………… （88）
　第二章　行政处罚的实施主体与管辖 ……………… （90）
　第三章　行政处罚的程序 …………………………… （91）
　第四章　行政处罚的执行 …………………………… （97）
　第五章　附　则 ……………………………………… （98）
　附　录
　　气象行业管理若干规定 …………………………… （100）
　　气象行政许可实施办法 …………………………… （106）

防雷减灾管理办法

　第一章　总　则 ……………………………………… （118）
　第二章　监测与预警 ………………………………… （119）
　第三章　防雷工程 …………………………………… （120）
　第四章　防雷检测 …………………………………… （122）
　第五章　雷电灾害调查、鉴定 ……………………… （122）
　第六章　防雷产品 …………………………………… （123）
　第七章　罚　则 ……………………………………… （123）
　第八章　附　则 ……………………………………… （125）

中华人民共和国抗旱条例

　第一章　总　则 ……………………………………… （126）

目 录

第二章 旱灾预防 ………………………………………（128）
第三章 抗旱减灾 ………………………………………（131）
第四章 灾后恢复 ………………………………………（134）
第五章 法律责任 ………………………………………（135）
第六章 附 则 …………………………………………（136）

中华人民共和国气象法

中华人民共和国主席令
第五十七号

《全国人民代表大会常务委员会关于修改〈中华人民共和国对外贸易法〉等十二部法律的决定》已由中华人民共和国第十二届全国人民代表大会常务委员会第二十四次会议于 2016 年 11 月 7 日通过,现予公布,自公布之日起施行。

中华人民共和国主席　习近平
2016 年 11 月 7 日

(1999 年 10 月 31 日第九届全国人民代表大会常务委员会第十二次会议通过,根据 2009 年 8 月 27 日第十一届全国人民代表大会常务委员会第十次会议《关于修改部分法律的决定》第一次修正;根据 2014 年 8 月 31 日第十二届全国人民代表大会常务委员会第十次会议《关于修改〈中华人民共和国保险法〉等五部法律的决定》第二次修正;根据 2016 年 11 月 7 日全国人民代表大会常务委员会《关于修改〈中华人民共和国对外贸易法〉等十二部法律的决定》第三次修订)

第一章 总 则

第一条 为了发展气象事业,规范气象工作,准确、及时地发布气象预报,防御气象灾害,合理开发利用和保护气候资源,为经济建设、国防建设、社会发展和人民生活提供气象服务,制定本法。

第二条 在中华人民共和国领域和中华人民共和国管辖的其他海域从事气象探测、预报、服务和气象灾害防御、气候资源利用、气象科学技术研究等活动,应当遵守本法。

第三条 气象事业是经济建设、国防建设、社会发展和人民生活的基础性公益事业,气象工作应当把公益性气象服务放在首位。

县级以上人民政府应当加强对气象工作的领导和协调,将气象事业纳入中央和地方同级国民经济和社会发展计划及财政预算,以保障其充分发挥为社会公众、政府决策和经济发展服务的功能。

县级以上地方人民政府根据当地社会经济发展的需要所建设的地方气象事业项目,其投资主要由本级财政承担。

气象台站在确保公益性气象无偿服务的前提下,可以依法开展气象有偿服务。

第四条 县、市气象主管机构所属的气象台站应当主要为农业生产服务,及时主动提供保障当地农业生产所需的公益性气象信息服务。

第五条　国务院气象主管机构负责全国的气象工作。地方各级气象主管机构在上级气象主管机构和本级人民政府的领导下,负责本行政区域内的气象工作。

　　国务院其他有关部门和省、自治区、直辖市人民政府其他有关部门所属的气象台站,应当接受同级气象主管机构对其气象工作的指导、监督和行业管理。

　　第六条　从事气象业务活动,应当遵守国家制定的气象技术标准、规范和规程。

　　第七条　国家鼓励和支持气象科学技术研究、气象科学知识普及,培养气象人才,推广先进的气象科学技术,保护气象科技成果,加强国际气象合作与交流,发展气象信息产业,提高气象工作水平。

　　各级人民政府应当关心和支持少数民族地区、边远贫困地区、艰苦地区和海岛的气象台站的建设和运行。

　　对在气象工作中做出突出贡献的单位和个人,给予奖励。

　　第八条　外国的组织和个人在中华人民共和国领域和中华人民共和国管辖的其他海域从事气象活动,必须经国务院气象主管机构会同有关部门批准。

第二章　气象设施的建设与管理

　　第九条　国务院气象主管机构应当组织有关部门编制气象探测设施、气象信息专用传输设施、大型气象专用技术装备等重要气象设施的建设规划,报国务院批准后实施。气象设施建设规划的调整、修改,必须报国务院批准。

　　编制气象设施建设规划,应当遵循合理布局、有效利用、兼顾当前与长远需要的原则,避免重复建设。

第十条 重要气象设施建设项目应当符合重要气象设施建设规划要求，并在项目建议书和可行性研究报告批准前，征求国务院气象主管机构或者省、自治区、直辖市气象主管机构的意见。

第十一条 国家依法保护气象设施，任何组织或者个人不得侵占、损毁或者擅自移动气象设施。

气象设施因不可抗力遭受破坏时，当地人民政府应当采取紧急措施，组织力量修复，确保气象设施正常运行。

第十二条 未经依法批准，任何组织或者个人不得迁移气象台站；确因实施城市规划或者国家重点工程建设，需要迁移国家基准气候站、基本气象站的，应当报经国务院气象主管机构批准；需要迁移其他气象台站的，应当报经省、自治区、直辖市气象主管机构批准。迁建费用由建设单位承担。

第十三条 气象专用技术装备应当符合国务院气象主管机构规定的技术要求，并经国务院气象主管机构审查合格；未经审查或者审查不合格的，不得在气象业务中使用。

第十四条 气象计量器具应当依照《中华人民共和国计量法》的有关规定，经气象计量检定机构检定。未经检定、检定不合格或者超过检定有效期的气象计量器具，不得使用。

国务院气象主管机构和省、自治区、直辖市气象主管机构可以根据需要建立气象计量标准器具，其各项最高计量标准器具依照《中华人民共和国计量法》的规定，经考核合格后，方可使用。

第三章　气象探测

第十五条 各级气象主管机构所属的气象台站，应当按照国务院气象主管机构的规定，进行气象探测并向有关气象主管机构汇交气象探测资料。未经上级气象主管机构批准，不得中止气象探测。

国务院气象主管机构及有关地方气象主管机构应当按照国家规定适时发布基本气象探测资料。

第十六条 国务院其他有关部门和省、自治区、直辖市人民政府其他有关部门所属的气象台站及其他从事气象探测的组织和个人，应当按照国家有关规定向国务院气象主管机构或者省、自治区、直辖市气象主管机构汇交所获得的气象探测资料。

各级气象主管机构应当按照气象资料共享、共用的原则，根据国家有关规定，与其他从事气象工作的机构交换有关气象信息资料。

第十七条 在中华人民共和国内水、领海和中华人民共和国管辖的其他海域的海上钻井平台和具有中华人民共和国国籍的在国际航线上飞行的航空器、远洋航行的船舶，应当按照国家有关规定进行气象探测并报告气象探测信息。

第十八条 基本气象探测资料以外的气象探测资料需要保密的，其密级的确定、变更和解密以及使用，依照《中华人民共和国保守国家秘密法》的规定执行。

第十九条 国家依法保护气象探测环境，任何组织和个人都有保护气象探测环境的义务。

第二十条 禁止下列危害气象探测环境的行为：

（一）在气象探测环境保护范围内设置障碍物、进行爆破和采石；

（二）在气象探测环境保护范围内设置影响气象探测设施工作效能的高频电磁辐射装置；

（三）在气象探测环境保护范围内从事其他影响气象探测的行为。

气象探测环境保护范围的划定标准由国务院气象主管机构

规定。各级人民政府应当按照法定标准划定气象探测环境的保护范围，并纳入城市规划或者村庄和集镇规划。

第二十一条 新建、扩建、改建建设工程，应当避免危害气象探测环境；确实无法避免的，建设单位应当事先征得省、自治区、直辖市气象主管机构的同意，并采取相应的措施后，方可建设。

第四章 气象预报与灾害性天气警报

第二十二条 国家对公众气象预报和灾害性天气警报实行统一发布制度。

各级气象主管机构所属的气象台站应当按照职责向社会发布公众气象预报和灾害性天气警报，并根据天气变化情况及时补充或者订正。其他任何组织或者个人不得向社会发布公众气象预报和灾害性天气警报。

国务院其他有关部门和省、自治区、直辖市人民政府其他有关部门所属的气象台站，可以发布供本系统使用的专项气象预报。

各级气象主管机构及其所属的气象台站应当提高公众气象预报和灾害性天气警报的准确性、及时性和服务水平。

第二十三条 各级气象主管机构所属的气象台站应当根据需要，发布农业气象预报、城市环境气象预报、火险气象等级预报等专业气象预报，并配合军事气象部门进行国防建设所需的气象服务工作。

第二十四条 各级广播、电视台站和省级人民政府指定的报纸，应当安排专门的时间或者版面，每天播发或者刊登公众气象预报或者灾害性天气警报。

各级气象主管机构所属的气象台站应当保证其制作的气象

预报节目的质量。

广播、电视播出单位改变气象预报节目播发时间安排的，应当事先征得有关气象台站的同意；对国计民生可能产生重大影响的灾害性天气警报和补充、订正的气象预报，应当及时增播或者插播。

第二十五条 广播、电视、报纸、电信等媒体向社会传播气象预报和灾害性天气警报，必须使用气象主管机构所属的气象台站提供的适时气象信息，并标明发布时间和气象台站的名称。通过传播气象信息获得的收益，应当提取一部分支持气象事业的发展。

第二十六条 信息产业部门应当与气象主管机构密切配合，确保气象通信畅通，准确、及时地传递气象情报、气象预报和灾害性天气警报。

气象无线电专用频道和信道受国家保护，任何组织或者个人不得挤占和干扰。

第五章 气象灾害防御

第二十七条 县级以上人民政府应当加强气象灾害监测、预警系统建设，组织有关部门编制气象灾害防御规划，并采取有效措施，提高防御气象灾害的能力。有关组织和个人应当服从人民政府的指挥和安排，做好气象灾害防御工作。

第二十八条 各级气象主管机构应当组织对重大灾害性天气的跨地区、跨部门的联合监测、预报工作，及时提出气象灾害防御措施，并对重大气象灾害作出评估，为本级人民政府组织防御气象灾害提供决策依据。

各级气象主管机构所属的气象台站应当加强对可能影响当

地的灾害性天气的监测和预报,并及时报告有关气象主管机构。其他有关部门所属的气象台站和与灾害性天气监测、预报有关的单位应当及时向气象主管机构提供监测、预报气象灾害所需要的气象探测信息和有关的水情、风暴潮等监测信息。

第二十九条 县级以上地方人民政府应当根据防御气象灾害的需要,制定气象灾害防御方案,并根据气象主管机构提供的气象信息,组织实施气象灾害防御方案,避免或者减轻气象灾害。

第三十条 县级以上人民政府应当加强对人工影响天气工作的领导,并根据实际情况,有组织、有计划地开展人工影响天气工作。

国务院气象主管机构应当加强对全国人工影响天气工作的管理和指导。地方各级气象主管机构应当制定人工影响天气作业方案,并在本级人民政府的领导和协调下,管理、指导和组织实施人工影响天气作业。有关部门应当按照职责分工,配合气象主管机构做好人工影响天气的有关工作。

实施人工影响天气作业的组织必须具备省、自治区、直辖市气象主管机构规定的条件,并使用符合国务院气象主管机构要求的技术标准的作业设备,遵守作业规范。

第三十一条 各级气象主管机构应当加强对雷电灾害防御工作的组织管理,并会同有关部门指导对可能遭受雷击的建筑物、构筑物和其他设施安装的雷电灾害防护装置的检测工作。

安装的雷电灾害防护装置应当符合国务院气象主管机构规定的使用要求。

第六章 气候资源开发利用和保护

第三十二条 国务院气象主管机构负责全国气候资源的综合

调查、区划工作，组织进行气候监测、分析、评价，并对可能引起气候恶化的大气成分进行监测，定期发布全国气候状况公报。

第三十三条　县级以上地方人民政府应当根据本地区气候资源的特点，对气候资源开发利用的方向和保护的重点作出规划。

地方各级气象主管机构应当根据本级人民政府的规划，向本级人民政府和同级有关部门提出利用、保护气候资源和推广应用气候资源区划等成果的建议。

第三十四条　各级气象主管机构应当组织对城市规划、国家重点建设工程、重大区域性经济开发项目和大型太阳能、风能等气候资源开发利用项目进行气候可行性论证。

具有大气环境影响评价资质的单位进行工程建设项目大气环境影响评价时，应当使用符合国家气象技术标准的气象资料。

第七章　法律责任

第三十五条　违反本法规定，有下列行为之一的，由有关气象主管机构按照权限责令停止违法行为，限期恢复原状或者采取其他补救措施，可以并处五万元以下的罚款；造成损失的，依法承担赔偿责任；构成犯罪的，依法追究刑事责任：

（一）侵占、损毁或者未经批准擅自移动气象设施的；

（二）在气象探测环境保护范围内从事危害气象探测环境活动的。

在气象探测环境保护范围内，违法批准占用土地的，或者非法占用土地新建建筑物或者其他设施的，依照《中华人民共和国城乡规划法》或者《中华人民共和国土地管理法》的有关规定处罚。

第三十六条 违反本法规定,使用不符合技术要求的气象专用技术装备,造成危害的,由有关气象主管机构按照权限责令改正,给予警告,可以并处五万元以下的罚款。

第三十七条 违反本法规定,安装不符合使用要求的雷电灾害防护装置的,由有关气象主管机构责令改正,给予警告。使用不符合使用要求的雷电灾害防护装置给他人造成损失的,依法承担赔偿责任。

第三十八条 违反本法规定,有下列行为之一的,由有关气象主管机构按照权限责令改正,给予警告,可以并处五万元以下的罚款:

(一) 非法向社会发布公众气象预报、灾害性天气警报的;

(二) 广播、电视、报纸、电信等媒体向社会传播公众气象预报、灾害性天气警报,不使用气象主管机构所属的气象台站提供的适时气象信息的;

(三) 从事大气环境影响评价的单位进行工程建设项目大气环境影响评价时,使用的气象资料不符合国家气象技术标准的。

第三十九条 违反本法规定,不具备省、自治区、直辖市气象主管机构规定的条件实施人工影响天气作业的,或者实施人工影响天气作业使用不符合国务院气象主管机构要求的技术标准的作业设备的,由有关气象主管机构按照权限责令改正,给予警告,可以并处十万元以下的罚款;给他人造成损失的,依法承担赔偿责任;构成犯罪的,依法追究刑事责任。

第四十条 各级气象主管机构及其所属气象台站的工作人员由于玩忽职守,导致重大漏报、错报公众气象预报、灾害性天气警报,以及丢失或者毁坏原始气象探测资料、伪造气象资料等事故的,依法给予行政处分;致使国家利益和人民生命财产遭受重大损失,构成犯罪的,依法追究刑事责任。

第八章　附　则

第四十一条　本法中下列用语的含义是：

（一）气象设施，是指气象探测设施、气象信息专用传输设施、大型气象专用技术装备等。

（二）气象探测，是指利用科技手段对大气和近地层的大气物理过程、现象及其化学性质等进行的系统观察和测量。

（三）气象探测环境，是指为避开各种干扰保证气象探测设施准确获得气象探测信息所必需的最小距离构成的环境空间。

（四）气象灾害，是指台风、暴雨（雪）、寒潮、大风（沙尘暴）、低温、高温、干旱、雷电、冰雹、霜冻和大雾等所造成的灾害。

（五）人工影响天气，是指为避免或者减轻气象灾害，合理利用气候资源，在适当条件下通过科技手段对局部大气的物理、化学过程进行人工影响，实现增雨雪、防雹、消雨、消雾、防霜等目的的活动。

第四十二条　气象台站和其他开展气象有偿服务的单位，从事气象有偿服务的范围、项目、收费等具体管理办法，由国务院依据本法规定。

第四十三条　中国人民解放军气象工作的管理办法，由中央军事委员会制定。

第四十四条　中华人民共和国缔结或者参加的有关气象活动的国际条约与本法有不同规定的，适用该国际条约的规定；但是，中华人民共和国声明保留的条款除外。

第四十五条　本法自2000年1月1日起施行。1994年8月18日国务院发布的《中华人民共和国气象条例》同时废止。

附 录

中国民用气象工作规则

中华人民共和国交通运输部令
2016 年第 23 号

《中国民用气象工作规则》已于 2016 年 3 月 24 日经第 6 次部务会议通过,现予公布,自 2016 年 4 月 28 日起施行。

交通运输部部长
2016 年 3 月 28 日

第一章 总 则

第一条 为规范民用航空气象工作,保障民用航空活动的安全、正常和效率,根据《中华人民共和国民用航空法》《中华人民共和国气象法》,制定本规则。

第二条 本规则适用于中华人民共和国领域内的民用航空气象工作。从事民用航空气象工作及与民用航空气象有关的单位和个人,应当遵守本规则。

第三条 民用航空气象工作基本内容包括观测与探测气象要素,收集与处理气象资料,制作与发布航空气象产品,提供航空气象服务。

提供航空气象服务的范围包括中华人民共和国领域内以及根据我国缔结或者参加的国际条约规定的区域。

第四条　民用航空气象服务机构依照本规则履行民用航空气象工作职责。民用机场应当设置民用航空气象服务机构。本规则所称的民用航空气象服务机构包括机场气象站、机场气象台、民航地区气象中心、民航气象中心。

第五条　民用航空气象服务机构应当配备满足履行职责要求的气象专业人员和气象设施设备，建立相应的气象工作制度。

第六条　中国民用航空局（以下简称民航局）负责统一管理全国民用航空气象工作，民航地区管理局（以下简称地区管理局）负责监督管理本地区民用航空气象工作。

第七条　民用航空气象发展和建设规划由民航局统一制定。规划应当服从国家和民航发展总体规划，以运行和用户需求为引导，坚持统一规划、科学合理、资源共享的原则。

第八条　中华人民共和国领域内以及根据我国缔结或者参加的国际条约规定的民用航空气象情报的交换，由民航局空中交通管理局负责组织实施。

第九条　民用航空气象服务机构应当按照气象探测资料共享、共用的原则，与国内从事气象工作的机构交换气象探测资料，向航空气象用户提供气象情报。

第十条　民航局鼓励和支持民用航空气象科学技术研究与技术创新。

第十一条　本规则所用术语的含义在本规则附件一《定义》中规定。

第二章 气象服务机构

第一节 机构的设立与职责

第十二条 民航气象中心、民航地区气象中心由民航局批准设立。

民用运输机场应当设置机场气象台，民用通用机场根据需要设置机场气象台或气象站。民用机场设置气象台或气象站的，应当按照《民用机场使用许可规定》的要求取得民用机场使用许可证后方可运行。

民航地区气象中心可以承担机场气象台的职责。

第十三条 民航局在每个飞行情报区内指定一个民航地区气象中心或者机场气象台承担气象监视台的职责。

第十四条 民航气象中心应当履行下列职责：

（一）收集、处理、分发和交换国内气象情报和与国际飞行有关的气象情报并保存相关气象资料；根据民用航空气象用户实际运行需要，索取与国际飞行有关的气象情报；

（二）制作和发布中、高层区域预报；

（三）制作并向各地区气象中心和全国机场气象台发布业务指导产品；

（四）向民用航空气象用户提供气象服务；

（五）向各机场气象部门开放民用航空气象信息系统；

（六）收集、处理民航地区气象中心汇交的民用航空气象地面观测总簿、《民航机场气候志》和《民航机场气候概要》；根据民用航空气象用户实际运行需要，向其提供《民航机场气候志》和《民航机场气候概要》；

（七）维护民用航空气象信息系统，指导有关气象设备的维护维修；

（八）开展民用航空气象技术的研究、开发、应用；

（九）向民航地区气象中心和民用航空气象用户提供业务运行、人员培训以及研究与开发等方面的技术支持。

第十五条 民航地区气象中心应当履行下列职责：

（一）收集、处理、分发和交换本地区及与之相关的气象情报并保存相关气象资料；

（二）制作本地区中层区域预报；

（三）制作和发布本地区低层区域预报；

（四）制作并向本地区机场气象台、机场气象站发布业务指导产品；

（五）向各机场气象部门开放民用航空气象信息系统；

（六）向民用航空气象用户提供气象服务；

（七）收集、处理本地区机场气象台、机场气象站汇交的民用航空气象地面观测总簿、《民航机场气候志》和《民航机场气候概要》，并报送民航气象中心；

（八）维护本地区民用航空气象信息系统，指导本地区有关气象设备的维护维修；

（九）开展民用航空气象技术的研究、开发、应用；

（十）向本地区机场气象台、机场气象站和民用航空气象用户提供业务运行、人员培训以及研究与开发等方面的技术支持。

第十六条 气象监视台应当履行下列职责：

（一）监视本飞行情报区内影响飞行的天气情况；

（二）编制与本飞行情报区有关的重要气象情报、低空气象情报和其他有关情报；

（三）向有关空中交通服务部门提供重要气象情报、低空气象情报和其他有关气象情报；

（四）向有关民用航空气象服务机构发布重要气象情报、低空气象情报和其他有关情报。

第十七条　机场气象台应当履行下列职责：

（一）实施本机场的天气观测与探测，监视本机场的天气情况；

（二）收集和分析各种气象资料；

（三）制作和发布本机场的机场天气报告、机场预报、着陆预报、机场警报和风切变警报；

（四）向民用航空气象用户提供讲解、咨询、展示和飞行气象文件等气象服务；

（五）制作和发布本机场的起飞预报；

（六）按照规定进行飞行气象情报交换；

（七）维护维修本机场气象业务系统和气象设施设备；

（八）处理与保存有关气象资料；

（九）编制本机场的《机场气候志》或《机场气候概要》。

第十八条　机场气象站应当履行下列职责：

（一）实施本机场的天气观测与探测，监视本机场的天气情况；

（二）制作和发布本机场的机场天气报告；

（三）向民用航空气象用户提供气象服务；

（四）收集和交换飞行气象情报；

（五）维护维修本机场气象业务系统和气象设施设备；

（六）处理与保存有关气象资料；

（七）编制本机场的《机场气候志》或《机场气候概要》。

第二节　机构的运行条件

第十九条　民用航空气象服务机构的运行应当具备以下条件：

（一）确定服务机构的负责人，明确其工作职责；

（二）按照规定的职责设置业务岗位，配备满足服务机构运行需要和要求并持有有效执照的气象人员；

（三）建立完善的业务部门，并且制定运行手册；

（四）气象设备配置和技术要求符合相关规定；

（五）气象探测环境符合相关规定；

（六）具有实施气象工作所必需的供电、防雷、通信等业务环境；

（七）具有履行职责所需的气象情报。

第三节　机构的运行要求

第二十条　民航气象中心、民航地区气象中心、国际机场的气象台应当提供24小时不间断的民用航空气象服务；其他民用航空气象服务机构应当按规定的时间为航空器飞行提供航空气象服务。

民用航空气象服务机构应当安排气象人员在规定的服务时间内值勤。

第二十一条　民用航空气象服务机构不得安排未持有有效民用航空气象人员执照的人员独立从事民用航空气象观测、气象探测、气象预报及气象设备维护维修工作。

第二十二条　民用航空气象服务机构不得在民用航空气象观测、气象探测、气象预报及气象情报交换和发布过程中使用不符合民用航空气象设备技术要求的气象业务系统、设备。

第二十三条　民用航空气象服务机构应当建立制定、发布、修订和补充运行手册的制度，并保持运行手册持续有效。

第二十四条　民用航空气象服务机构的运行手册至少包括以下内容：

（一）组织机构及其职责、岗位职责；
（二）值班工作制度、天气会商制度；
（三）设备管理制度、资料管理制度、信息管理制度；
（四）工作程序与流程；
（五）培训管理制度、质量管理制度；
（六）运行风险管理制度；
（七）专机保障制度、应急管理制度及预案。

第二十五条 民用航空气象服务机构应当保存完整有效的运行手册，保存地点和方式应当便于气象人员查阅。

第二十六条 民用航空气象服务机构应当对发布的气象产品及设备的运行情况持续监控。

第二十七条 民用航空气象服务机构应当以适当的方式记录如下工作情况：
（一）人员值班情况；
（二）气象产品的制作与发布情况；
（三）设备的运行及维护维修情况；
（四）天气会商情况；
（五）服务情况；
（六）质量检查、评定、评估情况。

第二十八条 民用航空气象服务机构应当按照规定保存与飞行事故或者其他航空不安全事件相关的记录和资料。

第二十九条 民用航空气象服务机构应当按照规定统计和上报运行信息。

第三十条 民用航空气象服务机构应当开展应急预案的培训与应急演练以及应急后评估工作，机场气象台、机场气象站的气象工作应急预案应当与所在机场的应急预案相衔接。

第三十一条 在以下情况下，民用航空气象服务机构应当组织实施试运行：

（一）本规则第十四条至第十八条中的职责发生重大调整；

（二）重要气象设施设备，包括自动气象观测系统及自动气象站和民用航空气象信息系统新建或改造；

（三）气象情报发布格式、方式改变。

第三十二条　民用航空气象服务机构组织实施试运行时应当完成以下工作：

（一）进行人员培训和考核；

（二）制定、修改相关的工作程序；

（三）新建自动气象观测系统或自动气象站的，按照规定进行对比观测，制定或修改本机场特殊天气观测报告标准；

（四）制定试运行期间的安全保障方案；

（五）制定其他必要的措施。

第三十三条　民用航空气象服务机构应当对试运行的情况进行评估，评估结果符合相关要求后方可业务运行。

第三章　气象人员资质与培训

第三十四条　在民用航空气象服务机构从事民用航空气象服务工作的人员，应当按照《民用航空气象人员执照管理规则》的要求，取得民用航空气象人员执照，并按规定保持有效。未持有有效执照的人员，不得在民用航空气象服务机构独立从事要求持照上岗的航空气象工作。

第三十五条　民用航空气象人员所在单位应当按照规定组织对民用航空气象人员的专业培训，民用航空气象人员应当按照规定接受岗前、岗位培训和考核。

第三十六条　符合下列条件的气象培训机构，可以从事与执照申请和执照注册相关的民用航空气象人员培训：

（一）具有持照二年以上的民用航空气象专业技术人员或气象专业教员；

（二）具有符合民用航空气象人员培训大纲的教材；

（三）具有与民用航空气象人员培训相适应的场所、设施设备等资源和质量管理体系。

民用航空气象人员的岗前培训应在持有相应执照的专业技术人员的指导下进行。

第三十七条　民用航空气象人员的岗前、岗位培训的时间和内容应当符合相关规定。

第三十八条　民航地区气象中心及有关气象台应当按规定承担其他民用航空气象服务机构的专业技术人员在本单位的岗位实习。

第三十九条　民用航空气象人员所在单位应当有计划地补充、培养专业技术人才，不断提高民用航空气象人员的业务素质。

第四十条　民用航空气象服务机构应当为所属专业技术人员建立气象专业人员技术档案，气象专业人员技术档案主要包括人员执照、培训记录、业务考核等内容。

第四章　气象观测与探测

第一节　民用航空气象地面观测

第四十一条　民用航空气象地面观测是由气象观测员在地面通过人工方式或利用设备对本机场及其跑道、进近着陆及起飞爬升地带的气象要素及其变化过程所进行的系统、连续地观察和测定的活动。

第四十二条　民用航空气象地面观测的项目包括云、主导能见度、垂直能见度、跑道视程、气象光学视程、天气现象、地面风、气压、气温、湿度、最高气温、最低气温、降水量和积雪深度等气象要素或量值。

第四十三条　民用航空气象地面观测的方式分为人工观测和自动观测，其中人工观测又包括目测和器测。

第四十四条　民用航空气象地面观测由机场气象台或者机场气象站组织，由气象观测员在观测值班室、观测平台或者观测场实施。观测环境和设备安装应符合探测环境的要求。

第四十五条　机场气象台、机场气象站应当设置气象观测室，气象观测室及其气象观测员的职责如下：

（一）制定与观测工作有关的工作制度、程序以及业务图表，拟定本机场的特殊天气报告标准；

（二）观测、记录本机场的气象要素，按规定进行本机场的事故观测；

（三）按规定及时收集、附加着陆预报，编制、发布本机场的天气报告；

（四）按规定进行观测对时；

（五）维护气象观测场的环境；

（六）按照相关规定记录和报告观测设备的运行情况；

（七）检查、评定本机场的观测工作质量；

（八）编制《民用航空气象地面观测月总簿》（以下简称月总簿）、《民用航空气象地面观测年总簿》（以下简称年总簿）和《民用航空气象地面观测档案簿》，参与本机场气候志或气候概要的编写。

第四十六条　民用航空气象地面观测按观测内容分为例行观测、特殊观测和事故观测。

（一）例行观测是按固定的时间间隔对观测项目进行的观测；

（二）特殊观测是在两次例行观测时间内，当观测项目达到规定的标准时进行的观测；

（三）事故观测是当本机场或其附近区域发生飞行事故后所进行的观测。

第四十七条 民用航空气象服务机构应当依据本机场的最低运行标准、运行方式、航空运营人的运行标准等，与机场运行管理部门、空中交通服务部门、航空运营人共同协商制定或修订本机场特殊天气报告标准，并报所属地区管理局备案。

第四十八条 民用航空气象地面观测按观测时次分为24小时观测、非24小时观测。

（一）运输机场气象台应当实施24小时观测。国际机场及参与国际气象情报交换的运输机场气象台应当实施24小时有人值守的观测；其他运输机场气象台可以在飞行活动结束后实施无人值守的观测；

（二）通用机场可以实施非24小时观测，并且根据本机场的飞行需要确定气象观测的时次。

第四十九条 气象观测人员应按照先室外后室内、先目测后器测的程序，遵照《民用航空气象地面观测规范》的规定进行观测。气象观测的数据应当具有代表性、准确性和比较性。

第五十条 气象观测人员应当按照民用航空气象地面观测记录的规定将观测记录分别记录在例行观测簿、特殊观测簿及事故观测簿。

第五十一条 机场气象台、机场气象站应当按照民用航空气象地面观测和报告的规定以电码格式和缩写明语形式编制、发布机场天气报告。

（一）实施24小时有人值守观测的机场气象台、机场气象站应当每日24小时连续发布时间间隔为1小时非自动生成的机场例行天气报告；

（二）在飞行活动结束后实施无人值守24小时观测的机场气象台、机场气象站，应当在与本机场相关的本日首次飞行任务起飞前3小时至本机场飞行活动结束，发布非自动生成的机场例行天气报告；其他时间可以发布由自动气象观测系统或者自动气象站自动生成的机场例行天气报告；

（三）实施非24小时观测的通用机场的机场气象台、机场气象站应当根据本机场的飞行需要确定发布机场例行天气报告的频次；

（四）按照规定每半小时发布机场例行天气报告的机场气象台、机场气象站应当每日24小时连续发布时间间隔为半小时的机场例行天气报告。

机场气象台、机场气象站应当检查已发布的机场天气报告，及时更正发现的错误。

第五十二条　民用航空气象服务机构应当按照民用航空气象自动气象观测系统数据输出格式的有关规定采集和存储自动气象观测系统、自动气象站的数据。

第二节　气象探测与航空器观测

第五十三条　气象探测是民用航空气象服务机构利用天气雷达、风廓线雷达、激光雷达、气象卫星、雷电探测、风切变探测等设备或者系统对气象要素以及天气系统所进行的观察和测量。

第五十四条　气象探测设施设备的安装地点及其环境应当

符合有关规定,满足探测气象要素的要求。

第五十五条 民用航空气象服务机构应当根据天气状况、用户需求及业务工作的需要实施探测。

第五十六条 在中华人民共和国领域内飞行的航空器,在飞行过程中应当按照有关规定进行气象观测和报告;具有中华人民共和国国籍的航空器,在国际航线上飞行时,应当按照有关规定进行气象观测和报告。航空器观测分为例行观测、特殊观测和其他非例行观测:

(一)航空器在飞行过程中,应当按照规定位置和时间间隔对气温、湿度、风向、风速以及颠簸、积冰等进行例行观测和报告;

(二)航空器在飞行过程中,遇到或者发现严重颠簸、严重积冰、严重的山地波、伴有(或者不伴有)冰雹的雷暴、强尘暴或者强沙暴、火山灰云以及火山喷发前的活动或者火山喷发时,应当进行特殊观测和报告,并尽快通知有关的空中交通服务部门;

(三)航空器在飞行过程中,当出现未列入航空器特殊观测项目的天气现象,如风切变等,并且机长认为会影响航空器安全和运行效率时,应当进行非例行观测,并尽快通知有关的空中交通服务部门。

第五十七条 空中交通服务部门收到航空器观测报告,应当及时通报给相应的民用航空气象服务机构。

第五十八条 机场气象台、机场气象站收到话音方式的航空器观测报告,应当通过传真或者其他有效方式立即发送给本飞行情报区气象监视台、本地区气象中心。地区气象中心收到话音方式的航空器观测报告应当通过传真或者其他有效方式发送给民航气象中心。

第五章　航空天气预报

第一节　一般规定

第五十九条　航空天气预报是气象预报员对机场、飞行情报区、管制区域等飞行空域预期气象要素的发生及变化所作出的分析和说明。航空天气预报包括机场预报、着陆预报、起飞预报、区域预报。

第六十条　航空天气预报应当由民用航空气象服务机构按规定制作和发布。

第六十一条　除机场气象站以外的民用航空气象服务机构应当设置气象预报室。气象预报室及其气象预报员的职责如下：

（一）制订与天气预报工作有关的工作制度、程序；

（二）收集相关的资料和产品；

（三）分析和研究相关资料和产品，制作和发布航空天气预报及相关产品；

（四）提供飞行气象文件；

（五）提供与航空活动有关的咨询、展示、预报、警报等气象服务；

（六）检查、评定预报工作质量；

（七）记录值班期间的工作情况。

第六十二条　民用航空气象服务机构应当获取制作天气预报所需的如下主要资料和产品：

（一）地面观测资料、探测资料；

（二）天气图资料、气候资料；

（三）数值天气预报产品、天气预报指导产品；

（四）重要气象情报、低空气象情报；

（五）接收到的航空器观测报告。

第六十三条　民用航空气象服务机构应当至少采取以下措施提高民用航空气象预报质量：

（一）组织对重要天气的监视和预报，根据本单位的天气会商制度组织天气会商；

（二）组织预报人员对重要天气过程进行季度、年度的天气预报经验总结；

（三）安排气象预报人员每年加入飞行机组进行航线实习。

第六十四条　民用航空气象服务机构发布一份新的预报，即自动取消以前所发布的同类的、同一地点的、同一时段或者该时段的某一部分以及该时段的某一时刻的任何预报。

第六十五条　民用航空气象服务机构应当持续检查已发布的航空天气预报，按规定及时更正、修订发布的预报。

第二节　机场预报

第六十六条　机场气象台制作的机场预报应当对其预报时段内机场预期的地面风、主导能见度、天气现象、云和气温进行分析和说明。

第六十七条　机场气象台以 TAF 电码格式制作、发布的机场预报及其修订报、更正报应当符合相关规定。

第六十八条　机场气象台应当按规定时间发布有效时段为 9 小时的机场预报（FC）。

第六十九条　机场气象台应当在与本机场相关的本日首次飞行任务起飞前 3 小时发布第一份机场预报（FC），之后按规定时间连续发布机场预报（FC），直至当日飞行活动结束。

第七十条　为国际和地区飞行提供服务的机场气象台应当按规定时间发布有效时段为 24 小时或者 30 小时的机场预报（FT）。

第七十一条　机场气象台对其发布的机场预报不能持续检查时，应当对已发布机场预报予以取消。

第七十二条　机场气象台发布的机场预报修订报、机场预报更正报的有效时段应当与所修订的、所更正的机场预报的有效时段一致。

第三节　着陆预报

第七十三条　着陆预报应当指明机场地面风、主导能见度、天气现象、云和垂直能见度中的一个或者几个气象要素的重大变化，以满足本场民用航空气象用户和距离本场 1 小时以内飞行时间的航空器的需要。

第七十四条　机场气象台以趋势预报形式发布的着陆预报应当符合相关规定。

第七十五条　着陆预报应当由附加在非自动生成的机场例行天气报告或者特殊天气报告之后的该机场气象情况预期趋势的简要说明组成。着陆预报的有效时段应当为 2 小时。

第四节　起飞预报

第七十六条　起飞预报应当描述机场跑道及爬升区域特定时段内预期的地面风向和风速及其变化、气温、修正海平面气压以及民用航空气象服务机构与航空运营人之间协定的任何其他要素的情况。

第七十七条　机场气象台提供的起飞预报应当符合相关规定。

第七十八条　起飞预报应当在航空器预计起飞前 3 小时内向航空运营人和飞行机组提供。

第七十九条　机场气象台应当不断检查已发布的起飞预报，达到修订条件时，及时发布修订预报。

第五节　区域预报

第八十条　区域预报应当对航空器飞行的时间和空间范围内的大气温度、风、重要天气现象及与之结合的云进行分析和说明。

第八十一条　区域预报应当以缩写明语形式或者图表形式发布，主要包括：

（一）高层、中层和低层高空风和高空温度；

（二）高层、中层和低层重要天气。

第八十二条　民航气象中心制作和发布的中、高层区域预报应当符合相关规定。

第八十三条　民航地区气象中心制作的本地区中层区域预报、制作和发布的低层区域预报应当符合相关规定。

第八十四条　民航气象中心以预告图形式发布的区域预报应当至少包括全国范围内的高层高空风和温度预告图、中层高空风和温度预告图、高层重要天气预告图、中层重要天气预告图。

第八十五条　民航地区气象中心以预告图形式发布的区域预报应当包括低层高空风和温度预告图和低层重要天气预告图。以缩写明语形式发布的低层区域预报应当采用 GAMET 格式。

第八十六条　民航气象中心应当收集民航地区气象中心发布的区域预报。

第八十七条 高空风、高空温度预告图的发布间隔不大于12小时,重要天气预告图的发布间隔不大于6小时,GAMET形式的区域预报发布间隔不大于6小时。

第六章 重要气象情报、低空气象情报、机场警报、风切变警报和告警

第一节 重要气象情报

第八十八条 重要气象情报应当对有关航路上发生或预期发生可能影响航空器飞行安全的天气现象,以及这些天气现象在时间和空间上的发展作出简要说明。

第八十九条 气象监视台应当按照气象情报制作的规定以缩写明语形式制作、发布重要气象情报。重要气象情报应当以"SIGMET"标明。

第九十条 重要气象情报应当在有效时段开始前4小时内发布。有关火山灰云和热带气旋的重要气象情报,应当在有效时段开始前12小时内尽早发布。火山灰云和热带气旋的重要气象情报应当至少每6小时更新一次。

第九十一条 重要气象情报的有效时段应当不超过4小时,在出现火山灰云和热带气旋的情况下,重要气象情报的有效时段应当延长到6小时。

第九十二条 当有关的天气现象在该地区不再出现或预期不再出现,气象监视台应当发布一份重要气象情报以取消相应的重要气象情报。

第九十三条 气象监视台应当与相关航空情报部门保持密切合作,以保证重要气象情报中和航行通告中包含的火山灰情报一致。

第二节 低空气象情报

第九十四条 低空气象情报应当对未包括在已发布的低空飞行区域预报中有关航路上可能影响低空飞行安全的天气现象，以及这些现象在时间和空间上的发展作出简要说明。

第九十五条 气象监视台应当按照气象情报制作的规定以缩写明语形式制作、发布低空气象情报。低空气象情报应当以"AIRMET"标明。

第九十六条 低空气象情报的有效时段应当不超过4小时。

第九十七条 当有关的天气现象在该地区不再出现或预期不再出现时，气象监视台应当发布一份低空气象情报以取消相应的低空气象情报。

第三节 机场警报

第九十八条 机场警报应当对可能严重影响地面航空器和机场设备、设施安全的气象情况作出简要说明。

第九十九条 机场气象台应当依据机场警报的发布规定和本机场的最低运行标准、运行方式、航空运营人的运行标准等，与机场运行管理部门、空中交通服务部门、航空运营人共同协商制定本机场的机场警报发布标准。

第一百条 当机场范围内发生或者预期发生达到发布机场警报标准的重要天气时，机场气象台应当按照机场警报的制作规定制作发布机场警报。

第一百零一条 机场警报应当以缩写明语形式或与航空气象用户协商的格式发布。

第一百零二条 当所涉及的天气现象不再出现或预期不再出现时，机场气象台应当取消相应的机场警报。

第四节　风切变警报和告警

第一百零三条　风切变警报应当对观测到的或者预期出现的风切变作出简要说明，对可能严重影响跑道道面及其上空500米以下的处于着陆滑跑或起飞滑跑阶段、进近着陆、起飞爬升或盘旋进近的航空器的风切变作出简要说明。

第一百零四条　机场跑道区、进近着陆区及起飞爬升区发生或者预期发生风切变时，机场气象台应当按照相关规定制作发布风切变警报。

第一百零五条　风切变警报应当以缩写明语形式或与航空气象用户协商的格式发布。

第一百零六条　当风切变不再出现或者预期不再出现时，机场气象台应当取消相应的风切变警报。

第一百零七条　在使用自动探测设备探测风切变的机场气象台应当按照相关规定，由自动探测设备分发风切变告警。

第一百零八条　风切变告警应当提供关于观测到的如下风切变的最新简要情报：可能对最后进近航径上或最初起飞航径上的航空器以及在跑道上进行着陆滑跑或起飞滑跑的航空器造成不利影响的，风的变化达到风切变告警标准的风切变。

第七章　飞行气象情报交换

第一节　一般规定

第一百零九条　飞行气象情报的种类如下：

（一）机场天气报告：机场例行天气报告、机场特殊天气报告；

（二）航空器观测报告：例行观测报告、特殊观测报告和其他非例行观测报告；

（三）航空天气预报：机场预报、着陆预报、起飞预报、区域预报；

（四）重要气象情报、低空气象情报、机场警报、风切变警报和告警。

第一百一十条　发布的飞行气象情报包括机场天气报告、机场预报、着陆预报、起飞预报、区域预报、重要气象情报、低空气象情报、机场警报和风切变警报。

第一百一十一条　交换的飞行气象情报包括电码格式的机场天气报告、航空器观测报告、机场预报、着陆预报、区域预报、重要气象情报和低空气象情报。

第一百一十二条　民用航空气象服务机构应当按照民用航空气象情报发布与交换的规定，通过航空固定电信网、民用航空气象信息系统、网络等有效手段交换飞行气象情报。

第一百一十三条　机场气象站、机场气象台、地区气象中心、民航气象中心应当承担回复有关机场气象站、机场气象台索取飞行气象情报的义务。

由民航气象中心回复境外有关气象服务机构索取境内的飞行气象情报。

由民航气象中心索取境外有关气象服务机构的飞行气象情报。

第一百一十四条　民航华北地区气象中心、民航华东地区气象中心、民航中南地区气象中心接收的世界区域预报中心发送的飞行气象情报应当存入民用航空气象信息系统。

第二节　机场气象台、机场气象站的飞行气象情报交换

第一百一十五条　机场气象台应当将本机场电码格式的机

场天气报告、机场预报发往本地区的民航地区气象中心和民航气象中心；机场气象站应当将本机场电码格式的机场天气报告发往本地区的民航地区气象中心和民航气象中心。

参加境外双边气象情报交换的机场气象台应当将机场天气报告、机场预报同时发往相关的境外气象服务机构；参加境外双边气象情报交换的机场气象站应当将机场天气报告同时发往相关的境外气象服务机构。

第一百一十六条　机场气象台应当将着陆预报及附着该着陆预报的机场天气报告一起发往本地区的民航地区气象中心和民航气象中心。

第三节　民航地区气象中心的飞行气象情报交换

第一百一十七条　民航地区气象中心收到境内和境外有关的机场天气报告、机场预报后，应当立即按规定向本地区的机场气象台、机场气象站转发。

第一百一十八条　民航地区气象中心应当收集本地区民用机场的机场天气报告、机场预报，并分别编辑成例行天气报告公报、机场预报公报。

第一百一十九条　民航地区气象中心应当将获得的国内例行航空器观测报告公报，向本地区的机场气象台、机场气象站转发。

第一百二十条　民航地区气象中心应当向本地区的机场气象台、机场气象站发布本地区低层高空风和高空温度预告图、低层重要天气预告图及其修订或者更正的预告图，并发往民航气象中心。

第一百二十一条　民航地区气象中心应当将制作的本地区

中层重要天气预告图及其修订或者更正的预告图发往民航气象中心。

第一百二十二条 民航地区气象中心应当将收到的有关的重要气象情报和低空气象情报,立即向民航气象中心、本地区机场气象台和机场气象站转发。

第四节 民航气象中心的飞行气象情报交换

第一百二十三条 民航气象中心收到境内和境外有关的机场天气报告、机场预报后,应当立即按规定向民航地区气象中心、机场气象台、机场气象站转发。

第一百二十四条 民航气象中心收到参加国际交换的国内机场例行天气报告后,应当编辑成例行天气报告公报,不迟于整点后五分钟或者半点后五分钟发往境外有关飞行气象情报收集中心。

民航气象中心应当在机场例行天气报告公报发出后收到的机场例行天气报告,按规定立即转发;机场天气报告的更正报应当立即转发。

第一百二十五条 民航气象中心应当每小时将国内的例行航空器观测报告编辑成公报,向境内民航地区气象中心、机场气象台、机场气象站转发;收到特殊航空器观测报告,应当立即转发。

第一百二十六条 民航气象中心应当将参加国际交换的有效时段为24或30小时的机场预报编辑成机场预报公报,并不迟于预报有效起始时间前2小时发往境外有关飞行气象情报收集中心。

第一百二十七条 民航气象中心应当按规定立即转发机场

预报更正报、机场预报修订报、机场预报公报发出后收到的参加国际交换的机场预报。

第一百二十八条 民航气象中心应当根据国内业务需求向境外有关飞行气象情报收集中心或者气象服务机构索取所需的机场天气报告、机场预报。

第一百二十九条 民航气象中心应当对收到的世界区域预报中心的区域预报产品进行处理,向民航地区气象中心、机场气象台、机场气象站转发。

第一百三十条 民航气象中心应当处理收到的各民航地区气象中心制作的中层重要天气预告图及其修订或者更正的预告图,发布全国范围的中层和高层重要天气预告图及其修订或者更正的预告图并向民航地区气象中心、机场气象台、机场气象站转发。

第一百三十一条 民航气象中心应当向民航地区气象中心、机场气象台、机场气象站发布规定范围的中层和高层高空风和高空温度预告图。

第一百三十二条 民航气象中心应当将收到的各地区气象中心制作的低层高空风和高空温度预告图以及低层重要天气预告图及其修订或者更正的预告图,向民航地区气象中心、机场气象台、机场气象站转发。

第一百三十三条 民航气象中心应当将收到的各地区气象中心发布的GAMET格式区域预报向民航地区气象中心、机场气象台、机场气象站转发。

第一百三十四条 民航气象中心应当将收到的有关重要气象情报和低空气象情报和其他有关情报,立即向民航地区气象中心、机场气象台、机场气象站转发。

第五节 气象监视台的飞行气象情报交换

第一百三十五条 气象监视台应当按照民用航空飞行气象情报发布与交换的规定将重要气象情报和低空气象情报及其他有关情报发往本飞行情报区的机场气象台、机场气象站、境内气象监视台、民航气象中心和境外相关气象监视台。

第八章 气象服务

第一节 一般规定

第一百三十六条 民用航空气象服务是民用航空气象服务机构向民用航空气象用户提供气象情报的过程。

第一百三十七条 民用航空气象用户包括：

（一）公共航空运输运营人；

（二）空中交通服务部门；

（三）机场运行管理部门；

（四）搜寻与救援部门；

（五）航空情报服务部门；

（六）通用航空运营人或通用航空活动主体；

（七）其他与民用航空活动有关的部门。

第一百三十八条 民用航空气象服务机构向民用航空气象用户提供的气象情报应当适时、有效。当已经提供的气象情报出现修订或者更正时，应当及时向民用航空气象用户提供修订或者更正的气象情报。

第一百三十九条 民用航空气象服务机构向航空气象用户提供的气象情报应当至少保存三十天。

第一百四十条 民用航空气象服务分为基本气象服务和特

订气象服务。

基本气象服务是民用航空气象服务机构按照民用航空气象服务管理规定向民用航空气象用户提供气象情报的过程。特订气象服务是民用航空气象服务机构根据民用航空气象用户特定需求向其提供基本气象服务以外的特订气象服务的过程。

第一百四十一条 民用航空气象服务机构应当向民用航空气象用户提供基本气象服务。民用航空气象服务机构应当根据用户特定需求按照服务协议向民用航空气象用户提供特订气象服务。

第一百四十二条 民用航空特订气象服务协议的主要内容应当包括：

（一）依据与目的；

（二）服务内容、方式和标准；

（三）权利与义务；

（四）协议有效期。

第一百四十三条 民用航空气象服务机构应当使用下列一种或几种方式提供气象情报：

（一）网络；

（二）打印或书写的气象资料；

（三）电话；

（四）传真；

（五）视频；

（六）对空气象广播；

（七）其他有效方式。

第一百四十四条 本章下述各节所规定的气象服务均为基本气象服务。

第二节 为民用航空运营人提供的服务

第一百四十五条 民用航空气象服务机构应当按规定向民用航空运营人提供相应的气象情报。

第一百四十六条 机场气象台应当为所在机场起飞的飞行机组提供天气讲解、咨询和飞行气象文件及展示气象资料；机场气象站应当为由本机场起飞的飞行机组提供天气讲解和飞行气象文件。

第一百四十七条 机场气象台为飞行机组提供的高空风和高空温度预告图应当至少包括巡航高度上的或者巡航高度以上和以下最接近巡航高度的高空风和高空温度预告图。

第一百四十八条 机场气象台为国际航班飞行机组提供的重要天气预告图应当至少包括民航气象中心发布的中国区的重要天气预告图。

第一百四十九条 民用航空气象服务机构向公共航空运输运营人展示的情报包括：

（一）自动气象观测系统的实时显示观测数据；

（二）天气雷达资料和其他探测资料；

（三）卫星云图；

（四）天气图；

（五）机场例行天气报告和特殊天气报告；

（六）机场预报和着陆预报；

（七）区域预报；

（八）风切变警报；

（九）航空器特殊观测报告；

（十）机场警报；

（十一）重要气象情报、低空气象情报；

（十二）收到的火山灰和热带气旋咨询报。

第一百五十条 机场气象台为公共航空运输运营人提供的气象情报包括：

（一）起飞机场、目的地机场，以及起飞、航路和目的地备降机场的机场天气报告、着陆预报和机场预报；

（二）起飞预报；

（三）区域预报；

（四）重要气象情报、有关的低空气象情报、本机场的机场警报和风切变警报；

（五）有关的航空器观测报告；

（六）卫星云图资料；

（七）天气雷达资料；

（八）收到的火山灰和热带气旋咨询报。

第一百五十一条 机场气象台根据民用航空运营人的需要提供来自世界区域预报中心的区域预报产品。

第一百五十二条 机场气象台、机场气象站在讲解时认为机场气象情况的变化与飞行气象文件中所包含的机场预报有差异时，应提示飞行机组成员注意这种差异。讲解时涉及差异的部分必须予以记录，该记录应提供给运营人。

第一百五十三条 机场气象台应当不迟于航空器预计起飞前3小时向民用航空运营人提供飞行计划所需的高空风、高空温度、重要天气现象等区域预报，其他气象情报应当尽快提供。

第一百五十四条 机场气象台、机场气象站向由本机场离场的飞行机组提供起飞前的飞行气象情报应当以飞行气象文件的形式提供。飞行气象情报包括下列内容：

（一）高空风、高空温度的预报；

（二）预期的航路上重要天气现象的情报；

（三）起飞机场、目的地机场、备降机场的机场预报；

（四）起飞机场、目的地机场、备降机场的机场天气报告；

（五）有关的重要气象情报；

（六）有关的低空气象情报；

（七）有关的航空器观测报告。

第一百五十五条 机场气象台、机场气象站应当采用下列形式向本机场离场的飞行机组提供飞行气象文件：

（一）高空风、高空温度的预报和航路上预期的重要天气现象情报用预告图形式，低空区域预报也可以采用缩写明语形式；

（二）机场预报采用电码格式；

（三）机场天气报告采用电码格式；

（四）重要气象情报、低空气象情报采用缩写明语形式；

（五）航空器观测报告采用表格形式。

第一百五十六条 民用航空气象服务机构为通用航空运营人或其他通用航空活动主体提供的气象情报：

（一）预期的区域内的高空风、高空温度的情报；

（二）预期的区域内的重要天气现象情报；

（三）起飞机场、目的地机场和备降机场的机场天气报告；

（四）重要气象情报和与整个航路有关的尚未编入重要气象情报电报的航空器观测报告；

（五）与低空飞行有关的低空气象情报。

第三节　为空中交通服务部门提供的服务

第一百五十七条 机场气象台、机场气象站应当向有关空中交通服务部门提供如下气象情报：

（一）机场气象台、机场气象站向机场管制塔台提供的气象情报应包括：

1. 机场管制塔台所在机场的电码格式、明语格式的机场天气报告、趋势预报、机场预报、实时的气压、风向、风速、温度、湿度、跑道视程数据；

2. 重要气象情报、低空气象情报、机场警报和风切变警报及告警；

3. 收到的尚未包含在已发布的重要气象情报中的火山灰云的情报；

4. 收到的关于喷发前火山活动或者火山喷发的情报。

（二）机场气象台、机场气象站向进近管制室提供的气象情报应包括：

1. 与进近管制区域有关机场的电码格式、明语格式的机场天气报告、趋势预报、机场预报及其修订预报；

2. 与进近管制区域有关的重要气象情报、低空气象情报、风切变警报及告警、机场警报、航空器观测报告；

3. 收到的尚未包含在已发布的重要气象情报中的火山灰云的情报；

4. 收到的关于喷发前火山活动或者火山喷发的情报。

（三）机场气象台向区域管制中心提供的气象情报应包括：

1. 管制区内各机场的电码格式的机场天气报告、趋势预报、机场预报及其修订预报和飞行情报区或管制区内其他的气象情报；

2. 管制区的区域预报、重要气象情报、低空气象情报和航空器观测报告；

3. 收到的尚未包含在已发布的重要气象情报中的火山灰云的情报；

4. 收到的关于喷发前火山活动或者火山喷发的情报。

(四) 遇到紧急情况时, 空中交通服务单位请求提供的气象情报。

第四节 为机场运行管理部门提供的服务

第一百五十八条 机场气象台、机场气象站应当向机场运行管理部门提供与机场运行有关的如下气象情报:

(一) 机场天气报告、起飞预报、着陆预报和机场预报;

(二) 重要气象情报、有关的低空气象情报、本机场的机场警报和风切变警报;

(三) 卫星云图资料;

(四) 天气雷达资料;

(五) 遇到紧急情况时, 机场运行管理部门请求提供的气象情报。

第五节 为搜寻和援救单位提供的服务

第一百五十九条 民用航空气象服务机构应当组织收集并向搜寻和援救单位提供如下气象情报:

(一) 失踪航空器最后已知位置的气象情报和航空器预计航路上的气象情报:

1. 航路上的重要天气现象;
2. 云量, 云状, 云底高和云顶高, 尤其是积雨云的情况;
3. 能见度和导致能见度降低的天气现象;
4. 地面风和高空风;
5. 地面状况, 尤其是积雪或积水状况;
6. 与搜寻地区相关的海面温度、海面状况、浮冰和海流;
7. 海平面气压数据。

（二）搜寻和援救单位请求的其他气象情报，包括：

1. 搜寻区域内实时的和预期的天气状况；

2. 进行搜寻的航空器的起、降机场及备降场至搜寻区域飞行航路上实时的和预期的天气状况；

3. 从事搜寻援救活动的船舶所需要的气象情报。

第一百六十条　为搜寻救援提供气象服务的民用航空气象服务机构应当在整个搜寻救援活动中与搜寻和救援部门保持联系。

第六节　为航空情报服务机构提供的服务

第一百六十一条　民用航空气象服务机构应当向航空情报服务机构提供如下气象情报：

（一）用于编写航行资料汇编所需的气象情报：

1. 机场气象特征和气候资料；

2. 民用航空气象服务、设施和设备等情况及其预期的重要变更；

3. 其他信息；

（二）用于编制航行通告或火山灰通告的情报应至少包括：

1. 民用航空气象服务工作的建立、撤销和重要变更；

2. 火山活动的情况。

第九章　气象设施设备

第一节　设施设备的建设

第一百六十二条　机场气象台、机场气象站应当按照民用航空气象设备配备的规定配置相应的气象设备。

第一百六十三条　民用航空气象设备应当符合民用航空气

象设备技术要求。

属于国务院气象主管部门气象设备许可管理范围的民用航空气象设备在未取得相应许可前不得投入使用。

第一百六十四条 机场气象台、机场气象站的建设应当符合机场气象台、机场气象站建设规范的要求。

第一百六十五条 机场气象台应当配置基本的气象探测和观测、气象资料收集处理、气象产品制作、飞行气象情报交换与气象服务等气象设施设备：

（一）基本的气象探测和观测设备是指包括测量、处理、显示能见度、风向、风速、云高、温度、气压、湿度、跑道视程和降水等气象要素量值的设备及附属设备和软件；

（二）基本的气象资料收集处理设备包括机场气象观测资料处理系统、气象资料接收处理系统、气象卫星资料接收处理系统、资料存储设施；

（三）基本的气象产品制作设备包括机场天气报告编制发布系统、机场预报制作系统、气候志或者气候概要编制系统；

（四）基本的飞行气象情报交换与气象服务设备包括民用航空气象信息系统、图文传真设备。

第一百六十六条 机场气象台、机场气象站应当设置气象观测场，并符合有关技术规范。

第一百六十七条 民用航空气象服务机构使用的气象设施、设备、运行系统应当具有符合有关防雷规范的防雷设施。

第一百六十八条 民用航空气象服务机构应当具有必要的通信设施设备用于：

（一）向空中交通服务单位、相关的飞行情报区、搜寻与救援服务单位提供所需的气象情报；

（二）向航空运营人和其他用户提供所需的气象情报；

（三）民用航空气象服务机构内部及民用航空气象服务机构之间情报和资料的处理和交换；

（四）与当地气象部门之间气象资料的共享。

第二节 设备的开放和运行

第一百六十九条 为民用航空气象提供通信服务的部门，应当保证飞行气象情报和资料传递渠道的畅通，以满足民用航空气象服务机构的工作需求。

第一百七十条 民用航空气象服务机构使用的气象设备应当持续符合规定的技术要求，安装在机场飞行区的气象设备应当在设备开放运行前按规定获得批准。

第一百七十一条 民用航空气象服务机构应当建立设备维护和维修管理制度，保持设施设备运行的技术性能符合民用航空气象设备技术要求的规定。

第一百七十二条 民用航空气象服务机构的气象探测设施、气象情报收集与交换专用设施和航空天气预报制作专用设施不得在无安全隔离措施的情况下与非民用航空气象服务机构的设备直接连接。

第一百七十三条 民用航空气象服务机构应当按照民用航空气象计量器具检定与校准的规定对所属设备、仪器、仪表进行检定或校准。

第一百七十四条 民用航空气象服务机构不得使用未经检定或校准、检定不合格和超过检定期限的设备、仪器、仪表。

第一百七十五条 民用航空气象服务机构应当建立气象设备技术档案，气象设备技术档案主要包括设备的组成、启用时间、维护维修记录、检定或者校准记录等内容。

第一百七十六条 民用航空气象服务机构应当按照有关规

定选择民用航空气象设施设备环境，相关单位和个人应当依照有关规定保护民用航空气象设施设备探测环境。

第三节 设备实验运行

第一百七十七条 为了促进民用航空气象先进技术的发展，首次应用于民用航空气象探测和观测的设备，应当进行实验运行。

通过实验运行并经民航局组织的专家组测试或评估，能满足运行要求的设备，方可用于民用航空气象工作。

第一百七十八条 实验运行一般采用实验验证或者试验验证的方式进行。

实验验证是指通过仿真手段对设备的性能和指标进行验证。实验验证应当在民航局或者地区管理局指定的实验场所进行。

试验验证是指利用实际运行环境对设备的性能和指标进行验证。试验验证周期一般不少于6个月。

实验验证由民航局组织的专家组实施，试验验证由设备生产厂家提出，由科研机构、院校或民用航空气象服务机构具体实施。试验验证不得影响正常的民用航空气象服务工作。

第十章 气象资料管理

第一节 一般规定

第一百七十九条 民用航空气象资料是指在有关民用航空气象工作中涉及的各种载体形态的资料。

第一百八十条 民航气象中心、民航地区气象中心、机场气象台和机场气象站应当设置民用航空气象资料管理所需的固定场所并且配备专用设备，指定专人负责资料的管理。

第一百八十一条 民用航空气象服务机构应当按照《中华人民共和国保守国家秘密法》和有关规定保存、处理、使用涉密的民用航空气象资料。

第二节 资料的获取和处理

第一百八十二条 民用航空气象服务机构应当根据工作需要，获取国务院气象主管部门所属各级气象机构的常规气象资料、自动气象站资料、天气雷达资料、数值预报产品资料、航危报以及其他各种气象资料。

第一百八十三条 民用航空气象服务机构应当根据工作需要，通过民用航空气象信息系统、航空固定电信网或者其他有效方式获取其他民用航空气象服务机构的各种气象资料。

第一百八十四条 机场气象台、机场气象站应当按照民用航空气象地面观测规范的要求编制民用航空气象地面观测总簿，地面观测总簿分为月总簿、年总簿。

第一百八十五条 凡配备自动观测设备的机场气象服务机构，应当进行24小时全项或缺项统计，并按照相关规定编制月总簿和年总簿。

第一百八十六条 机场气象台、机场气象站应当按照民用航空气象气候资料整编与分析的规定编制机场气候志或机场气候概要：

（一）具有五年或者五年以上24小时气象观测资料的机场气象台或者机场气象站应当编制机场气候志。

（二）具有五年或者五年以上非24小时观测资料的机场气象台或者机场气象站，应当编制机场气候概要。

第一百八十七条 首次编制机场气候志和机场气候概要所

用资料的起始年份应当是观测的起始年份。

第一百八十八条 机场气象台、机场气象站应当每五年续编一次机场气候志或者机场气候概要。

第一百八十九条 迁建机场的例行气象观测资料不足五年时，相应机场气象台、机场气象站应当保留原机场至少最近十年的机场气候志或者机场气候概要。

第一百九十条 机场气象台、机场气象站应当按照民用航空气象地面观测规范的要求编制《民用航空气象地面观测档案簿》。

第一百九十一条 机场建设单位应当按照民用航空气象气候资料整编与分析的规定在机场运行前完成临时气象观测资料的整理和统计工作，并将资料移交给机场气象台或机场气象站。

第一百九十二条 机场气象台、机场气象站应当按照民用航空气象地面观测规范的要求将民用航空气象地面观测总簿、机场气候志或者机场气候概要以电子文档形式汇交至所在地区的民航地区气象中心。

第一百九十三条 民航地区气象中心应当将本地区各机场气象台、机场气象站的民用航空气象地面观测总簿、机场气候志和机场气候概要以电子文档形式汇交至民航气象中心。

第一百九十四条 民航气象中心、民航地区气象中心应当对汇交的民用航空气象地面观测总簿、机场气候志和机场气候概要按照规定进行处理。

第一百九十五条 机场气象台、机场气象站撤销时，应当将保存的全部资料向所在地区的民航地区气象中心移交。

移交单位应当编制移交清单。经交接双方核查后，在清单上签名盖章。移交清单由接收单位永久保存。

第三节 资料的保存

第一百九十六条 民用航空气象服务机构应当按照有关规定保存气象资料。

第一百九十七条 民用航空气象资料保存的期限分为：永久、长期、短期、暂时四个档次。长期保存的期限为30年，短期保存的期限为5年，暂时保存的期限至少30天。

第一百九十八条 民用航空气象服务机构应当将永久、长期、短期保存的资料登记造册，并编制必要的索引，由资料管理人员和送交人员共同签名。暂时保存的资料应当由专人在保存期限内妥善保管。

第一百九十九条 民用航空气象服务机构应当采用纸质形式或者机读载体形式保存民用航空气象资料，永久保存的纸质资料应当以机读载体形式备份。

第二百条 民用航空气象资料的分类、立卷要遵循其形成规律，保持其有机的联系，一般按类别进行整理、立卷，按不同载体，分别存放在专用的固定场所和设施内；保存范围内的资料应当完整、准确、连续、清晰。

第二百零一条 以磁带、磁盘、光盘、计算机硬盘等保存的机读载体资料，其读取设备及程序至少应当保留至资料保存结束期限。

第二百零二条 民用航空气象服务机构应当对机读载体资料备份保存，并根据存放资料载体的介质使用期限、物理化学属性和软硬件环境定期检查，进行清洁、复制或者迁移，并做好记录。在复制或者迁移过程中要注意对资料的保护，防止资料丢失和计算机病毒侵害。

第二百零三条 存放民用航空气象资料的固定场所和设备

应当具有温度和湿度控制、防火、防水、防有害生物、防尘、防污染、防晒、防磁、防雷、防盗等功能。

存放纸质资料，应当根据保存环境的情况定期检查，进行除尘、除湿、杀虫、修复或者复制等技术处理，并做好记录。

第二百零四条 民用航空气象服务机构所保存的民用航空气象资料受到损害或者发生丢失时，应当及时修复或者弥补。

第二百零五条 民用航空气象服务机构应当定期查验民用航空气象资料的保存期限，对已超过保存期限的资料按照规定实施销毁。

第二百零六条 民用航空气象服务机构销毁资料应当填制销毁清册。清册应当包括：销毁资料的序号、名称、编号、密级、数量、来源、编制单位、编制时间、销毁理由、销毁时间和销毁方式以及相关人的签名栏等项。销毁清册应当永久保存。

第二百零七条 民航气象中心、民航地区中心、机场气象台、机场气象站应当按照民用航空气象信息系统业务运行管理的规定保存民用航空气象信息系统的资料。

第二百零八条 有关飞行事故或者不安全事件的民用航空气象资料，民用航空气象服务机构应当按照有关要求保存。

第四节 资料的使用

第二百零九条 民用航空气象人员使用资料时应当遵守民用航空气象服务机构资料管理的规定要求。

第二百一十条 民用航空气象服务机构应当按照相关要求提供有关飞行事故或者不安全事件的民用航空气象资料。

第十一章 质量管理

第二百一十一条 民用航空气象服务机构应当根据职责建

立质量管理的目标、程序、过程以及质量管理资源为主要内容的质量管理体系。

第二百一十二条 民用航空气象服务机构建立的质量管理体系应当保证航空气象服务机构所提供的气象情报在地域和空间范围、格式和内容、时间和发布频次、有效时段以及测量、观测的精确度和预报的准确度、情报交换等方面符合相关规定的要求。

第二百一十三条 民用航空气象服务机构确立的质量管理目标的内容主要包括：

（一）民用航空气象用户的满意度；

（二）年平均重要天气预报准确率；

（三）观测错情率；

（四）漏、错、迟发布飞行气象情报的数量；

（五）飞行气象文件提供的及时性。

第二百一十四条 民用航空气象服务机构应当建立下列主要制度：

（一）值班制度、天气会商制度、重要天气总结制度；

（二）设备管理制度、资料管理制度、信息管理制度；

（三）培训及管理制度、工作质量检查、评定以及评估制度；

（四）预报工作制度、观测工作制度、设备运行维护维修制度；

（五）专机保障制度、应急管理制度；

（六）用户需求与响应制度；

（七）气象服务协议管理制度。

第二百一十五条 民用航空气象服务机构应当建立下列主要工作程序：

（一）专业人员的技术及工作能力评价程序；

（二）资料的获取和交换程序；

（三）产品的制作程序；

（四）产品的发布程序；

（五）服务工作程序；

（六）资料的保存和处理程序；

（七）设备的监控、维护维修程序；

（八）质量检查、评定以及评估程序。

第二百一十六条 民用航空气象服务机构应当对以下主要工作过程进行质量控制：

（一）获取和处理气象资料的过程；

（二）观测和报告的过程；

（三）预报制作的过程；

（四）产品的发布过程；

（五）气象情报的交换过程；

（六）气象服务的过程。

第二百一十七条 民用航空气象服务机构的质量管理资源主要包括组织机构、人力资源、设施设备、工作环境等。

第十二章 法律责任

第二百一十八条 民用航空机场未按第十二条规定设置气象服务机构的，地区管理局应当责令其限期设置，逾期未设置的，对该民用航空机场处以1万元以上3万元以下罚款。

第二百一十九条 机场气象台、机场气象站的气象观测人员违反第五十一条规定发布机场天气报告的，地区管理局应当责令其所在的单位限期改正，错或漏发布机场天气报告并造成不良后果的，对气象台、气象站所在的单位处以3万元以下罚款。

第二百二十条　气象监视台违反第八十九条规定发布重要气象情报的，地区管理局应当责令其限期改正，人为责任原因错或漏发布重要气象情报并造成不良后果的，对气象监视台所在的单位处以3万元以下罚款。

第二百二十一条　机场气象台违反第一百条、第一百零四条规定发布机场警报和风切变警报的，地区管理局应当责令其限期改正，人为责任原因漏发布机场警报和风切变警报并造成不良后果的，对气象台所在的单位处以3万元以下罚款。

第二百二十二条　机场气象台违反第六十七条、第六十八条、第六十九、第七十条规定发布机场预报的，地区管理局应当责令其限期改正，机场气象台迟发或漏发布机场预报并造成不良后果的，对机场气象台所在单位处以1万元以上3万元以下罚款。

第二百二十三条　民航气象中心、民航地区气象中心违反第八十二条、第八十三条规定发布区域预报的地区管理局应当责令其限期改正，民航气象中心、民航地区气象中心迟发或漏发布区域预报并造成不良后果的，对民航气象中心、民航地区气象中心所在单位处以1万元以上3万元以下罚款。

第二百二十四条　民用航空气象服务机构违反第一百一十二条规定交换民用航空气象情报的，地区管理局应当责令其限期改正，民用航空气象服务机构错误或漏交换民用航空气象情报并造成不良后果的，对民用航空气象服务机构所在单位处以1万元以上3万元以下罚款。

第二百二十五条　民用航空气象服务机构违反第一百四十一条规定未向民用航空气象用户提供基本气象服务的，地区管理局应当责令其限期改正，逾期未改正或者造成不良后果的，对民用航空气象服务机构所在单位处以3万元以下罚款。

第二百二十六条　民用机场气象服务机构违反第一百六十三条、第一百六十五条、第一百七十条、第一百七十四条、第一百七十六条、第一百七十七条规定配备和使用气象设备的，地区管理局应当责令其限期改正，逾期未改正或者造成严重后果的，对民用机场气象服务机构所在单位处以1万元以上3万元以下罚款。

第二百二十七条　民用航空气象服务机构违反本规则第十九条规定运行的，地区管理局应当责令其改正；民用航空气象服务机构运行存在重大安全风险的，地区管理局应当责令其停止运行。

第十三章　附　则

第二百二十八条　本规则自2016年4月28日起施行。2005年6月27日中国民用航空总局令第146号发布的《中国民用航空气象工作规则》同时废止。

气象设施和气象探测环境保护条例

中华人民共和国国务院令

第 623 号

《气象设施和气象探测环境保护条例》已经 2012 年 8 月 22 日国务院第 214 次常务会议通过，现予公布，自 2012 年 12 月 1 日起施行。

总理　温家宝

2012 年 8 月 29 日

（2012 年 8 月 29 日中华人民共和国国务院令第 623 号公布；2016 年 2 月 6 日中华人民共和国国务院令第 666 号修正》）

第一条　为了保护气象设施和气象探测环境，确保气象探测信息的代表性、准确性、连续性和可比较性，根据《中华人民共和国气象法》，制定本条例。

第二条　本条例所称气象设施，是指气象探测设施、气象信息专用传输设施和大型气象专用技术装备等。

本条例所称气象探测环境，是指为避开各种干扰，保证气象探测设施准确获得气象探测信息所必需的最小距离构成的环境空间。

第三条　气象设施和气象探测环境保护实行分类保护、分级管理的原则。

第四条 县级以上地方人民政府应当加强对气象设施和气象探测环境保护工作的组织领导和统筹协调，将气象设施和气象探测环境保护工作所需经费纳入财政预算。

第五条 国务院气象主管机构负责全国气象设施和气象探测环境的保护工作。地方各级气象主管机构在上级气象主管机构和本级人民政府的领导下，负责本行政区域内气象设施和气象探测环境的保护工作。

设有气象台站的国务院其他有关部门和省、自治区、直辖市人民政府其他有关部门应当做好本部门气象设施和气象探测环境的保护工作，并接受同级气象主管机构的指导和监督管理。

发展改革、国土资源、城乡规划、无线电管理、环境保护等有关部门按照职责分工负责气象设施和气象探测环境保护的有关工作。

第六条 任何单位和个人都有义务保护气象设施和气象探测环境，并有权对破坏气象设施和气象探测环境的行为进行举报。

第七条 地方各级气象主管机构应当会同城乡规划、国土资源等部门制定气象设施和气象探测环境保护专项规划，报本级人民政府批准后依法纳入城乡规划。

第八条 气象设施是基础性公共服务设施。县级以上地方人民政府应当按照气象设施建设规划的要求，合理安排气象设施建设用地，保障气象设施建设顺利进行。

第九条 各级气象主管机构应当按照相关质量标准和技术要求配备气象设施，设置必要的保护装置，建立健全安全管理制度。

地方各级气象主管机构应当按照国务院气象主管机构的规

定，在气象设施附近显著位置设立保护标志，标明保护要求。

第十条　禁止实施下列危害气象设施的行为：

（一）侵占、损毁、擅自移动气象设施或者侵占气象设施用地；

（二）在气象设施周边进行危及气象设施安全的爆破、钻探、采石、挖砂、取土等活动；

（三）挤占、干扰依法设立的气象无线电台（站）、频率；

（四）设置影响大型气象专用技术装备使用功能的干扰源；

（五）法律、行政法规和国务院气象主管机构规定的其他危害气象设施的行为。

第十一条　大气本底站、国家基准气候站、国家基本气象站、国家一般气象站、高空气象观测站、天气雷达站、气象卫星地面站、区域气象观测站等气象台站和单独设立的气象探测设施的探测环境，应当依法予以保护。

第十二条　禁止实施下列危害大气本底站探测环境的行为：

（一）在观测场周边3万米探测环境保护范围内新建、扩建城镇、工矿区，或者在探测环境保护范围上空设置固定航线；

（二）在观测场周边1万米范围内设置垃圾场、排污口等干扰源；

（三）在观测场周边1000米范围内修建建筑物、构筑物。

第十三条　禁止实施下列危害国家基准气候站、国家基本气象站探测环境的行为：

（一）在国家基准气候站观测场周边2000米探测环境保护范围内或者国家基本气象站观测场周边1000米探测环境保护范围内修建高度超过距观测场距离1/10的建筑物、构筑物；

（二）在观测场周边500米范围内设置垃圾场、排污口等干扰源；

（三）在观测场周边 200 米范围内修建铁路；

（四）在观测场周边 100 米范围内挖筑水塘等；

（五）在观测场周边 50 米范围内修建公路、种植高度超过 1 米的树木和作物等。

第十四条　禁止实施下列危害国家一般气象站探测环境的行为：

（一）在观测场周边 800 米探测环境保护范围内修建高度超过距观测场距离 1/8 的建筑物、构筑物；

（二）在观测场周边 200 米范围内设置垃圾场、排污口等干扰源；

（三）在观测场周边 100 米范围内修建铁路；

（四）在观测场周边 50 米范围内挖筑水塘等；

（五）在观测场周边 30 米范围内修建公路、种植高度超过 1 米的树木和作物等。

第十五条　高空气象观测站、天气雷达站、气象卫星地面站、区域气象观测站和单独设立的气象探测设施探测环境的保护，应当严格执行国家规定的保护范围和要求。

前款规定的保护范围和要求由国务院气象主管机构公布，涉及无线电频率管理的，国务院气象主管机构应当征得国务院无线电管理部门的同意。

第十六条　地方各级气象主管机构应当将本行政区域内气象探测环境保护要求报告本级人民政府和上一级气象主管机构，并抄送同级发展改革、国土资源、城乡规划、住房建设、无线电管理、环境保护等部门。

对不符合气象探测环境保护要求的建筑物、构筑物、干扰源等，地方各级气象主管机构应当根据实际情况，商有关部门提出治理方案，报本级人民政府批准并组织实施。

第十七条 在气象台站探测环境保护范围内新建、改建、扩建建设工程，应当避免危害气象探测环境；确实无法避免的，建设单位应当向省、自治区、直辖市气象主管机构报告并提出相应的补救措施，经省、自治区、直辖市气象主管机构书面同意。未征得气象主管机构书面同意或者未落实补救措施的，有关部门不得批准其开工建设。

在单独设立的气象探测设施探测环境保护范围内新建、改建、扩建建设工程的，建设单位应当事先报告当地气象主管机构，并按照要求采取必要的工程、技术措施。

第十八条 气象台站站址应当保持长期稳定，任何单位或者个人不得擅自迁移气象台站。

因国家重点工程建设或者城市（镇）总体规划变化，确需迁移气象台站的，建设单位或者当地人民政府应当向省、自治区、直辖市气象主管机构提出申请，由省、自治区、直辖市气象主管机构组织专家对拟迁新址的科学性、合理性进行评估，符合气象设施和气象探测环境保护要求的，在纳入城市（镇）控制性详细规划后，按照先建站后迁移的原则进行迁移。

申请迁移大气本底站、国家基准气候站、国家基本气象站的，由受理申请的省、自治区、直辖市气象主管机构签署意见并报送国务院气象主管机构审批；申请迁移其他气象台站的，由省、自治区、直辖市气象主管机构审批，并报送国务院气象主管机构备案。

气象台站迁移、建设费用由建设单位承担。

第十九条 气象台站探测环境遭到严重破坏，失去治理和恢复可能的，国务院气象主管机构或者省、自治区、直辖市气象主管机构可以按照职责权限和先建站后迁移的原则，决定迁移气象台站；该气象台站所在地地方人民政府应当保证气象台站迁移用地，并承担迁移、建设费用。地方人民政府承担迁移、建设费用后，可以向破坏探测环境的责任人追偿。

第二十条 迁移气象台站的，应当按照国务院气象主管机构的规定，在新址与旧址之间进行至少1年的对比观测。

迁移的气象台站经批准、决定迁移的气象主管机构验收合格，正式投入使用后，方可改变旧址用途。

第二十一条 因工程建设或者气象探测环境治理需要迁移单独设立的气象探测设施的，应当经设立该气象探测设施的单位同意，并按照国务院气象主管机构规定的技术要求进行复建。

第二十二条 各级气象主管机构应当加强对气象设施和气象探测环境保护的日常巡查和监督检查。各级气象主管机构可以采取下列措施：

（一）要求被检查单位或者个人提供有关文件、证照、资料；

（二）要求被检查单位或者个人就有关问题作出说明；

（三）进入现场调查、取证。

各级气象主管机构在监督检查中发现应当由其他部门查处的违法行为，应当通报有关部门进行查处。有关部门未及时查处的，各级气象主管机构可以直接通报、报告有关地方人民政府责成有关部门进行查处。

第二十三条 各级气象主管机构以及发展改革、国土资源、城乡规划、无线电管理、环境保护等有关部门及其工作人员违反本条例规定，有下列行为之一的，由本级人民政府或者上级机关责令改正，通报批评；对直接负责的主管人员和其他直接责任人员依法给予处分；构成犯罪的，依法追究刑事责任：

（一）擅自迁移气象台站的；

（二）擅自批准在气象探测环境保护范围内设置垃圾场、排污口、无线电台（站）等干扰源以及新建、改建、扩建建设工程危害气象探测环境的；

（三）有其他滥用职权、玩忽职守、徇私舞弊等不履行气象设施和气象探测环境保护职责行为的。

第二十四条 违反本条例规定，危害气象设施的，由气象主管机构责令停止违法行为，限期恢复原状或者采取其他补救措施；逾期拒不恢复原状或者采取其他补救措施的，由气象主管机构依法申请人民法院强制执行，并对违法单位处1万元以上5万元以下罚款，对违法个人处100元以上1000元以下罚款；造成损害的，依法承担赔偿责任；构成违反治安管理行为的，由公安机关依法给予治安管理处罚；构成犯罪的，依法追究刑事责任。

挤占、干扰依法设立的气象无线电台（站）、频率的，依照无线电管理相关法律法规的规定处罚。

第二十五条 违反本条例规定，危害气象探测环境的，由气象主管机构责令停止违法行为，限期拆除或者恢复原状，情节严重的，对违法单位处2万元以上5万元以下罚款，对违法个人处200元以上5000元以下罚款；逾期拒不拆除或者恢复原状的，由气象主管机构依法申请人民法院强制执行；造成损害的，依法承担赔偿责任。

在气象探测环境保护范围内，违法批准占用土地的，或者非法占用土地新建建筑物或者其他设施的，依照城乡规划、土地管理等相关法律法规的规定处罚。

第二十六条 本条例自2012年12月1日起施行。

关于进一步加强公路交通气象服务工作的通知

交公路发〔2010〕456号

各省、自治区、直辖市交通运输厅（委）、气象局，国家气象中心，国家气象信息中心，中国气象局气象探测中心，中国气象局公共气象服务中心，交通运输部公路科学研究院：

为进一步落实《交通部与中国气象局共同开展公路交通气象监测预报预警工作备忘录》和《交通运输部与中国气象局深化交通气象合作会谈纪要》的有关精神，促进全国公路交通气象服务的健康发展，现就有关事宜通知如下：

一、共同推进公路交通气象观测站点网络建设

各地公路交通、气象部门要根据各地实际，围绕公路交通气象服务需求，以雾、雨、雪、低温冰冻、沙尘暴等影响公路交通安全的灾害性天气监测为重点，按职责分工，在高速公路、国省干线公路以及由公路部门管养的重点旅游公路沿线，积极推动建立专门的交通气象观测站网和视频实景观测系统。

各地气象部门要加快对公路沿线附近气象站的升级改造，特别是要加强能见度的观测，以满足交通气象服务的需要。各地公路交通部门要加强对已建成公路气象设施的维护，使气象监测设施处于良好运行状态，并逐步实现与气象部门观测系统的联网。对于新建高速公路、国省干线公路项目，建设单位要根据公路沿线气象状况及对交通安全的影响程度，将交通气象观测设施建设纳入工程设计与项目概算中，同步建设。气象部门要为公路交通气象观测系统的建设、运行维护提供技术保障。对于已建公路需增加气象观测设施的，由两部门共同协商，采

用多种方式，争取多方支持，共同建设。

二、认真做好公路交通气象预报预警服务工作

各地公路交通、气象部门要加强沟通和交流，共同分析和把握不同用户、地域、时段对公路交通气象服务的需求。气象部门要根据服务需求，进一步加强公路沿线灾害性天气的监测、预报和预警服务工作，努力提高对影响公路交通的雾、雨、雪、低温冰冻、沙尘暴等灾害性天气的预报预警水平。同时，应大力引进和发展公路交通气象专业预报模式，逐步提供针对性更强的公路交通气象专业预报预警产品。

公路交通、气象部门以京港澳高速公路、京津塘高速公路、江苏省联网高速公路为试点，在交通气象监测站网建设、数据共享、精细化预报预警服务等方面联合开展研究与示范应用，在总结试点经验的基础上逐步推广应用。各地公路交通、气象部门应联合通过电视、广播、网络、手机短信、公路电子显示屏等，及时向社会公众提供公路交通气象监测预警信息和出行安全提示，为社会公众提供准确、便捷的公路交通气象服务。

三、建立健全有效的公路交通气象应急工作联动机制

各地公路交通部门要与气象部门建立应对恶劣天气和不利气象条件的应急联动工作机制。公路交通部门应根据气象部门提供的交通气象预警信息，加强应急值守，一旦发生影响公路交通的灾害性天气，要及时启动相关应急预案，切实做好灾害性天气应对防范工作。气象部门应加强交通灾害性天气的监测、预报与预警服务保障工作，根据公路灾害情况，组织开展加密观测和有针对性的预报会商，及时提供气象服务信息，并提出相关防范意见和措施建议。各地公路交通、气象部门要进一步加强应急联动能力建设，完善双方的信息互通制度，拓展灾害应急联动方式渠道，丰富应急联动的技术手段。双方要明确各

自的责任部门、联络人员及联系方式，做到责任到人。

四、促进公路交通气象服务的信息共享和集约化发展

进一步建立健全公路交通、气象部门的信息共享机制，结合公路交通气象监测设施的建设，推动双方在部、省级信息共享渠道与平台的建设，并将其内容分别纳入公路网管理与应急处置中心和交通气象服务业务系统的建设范围。公路交通部门与气象部门要联合制定信息交互与共享方案及相关技术要求，建立信息共享流程和渠道，明确信息共享的具体内容、传输时间和传输方式等。各地公路交通部门应向气象部门提供公路交通气象观测、公路视频监测、路况等信息；气象部门应及时将公路交通气象观测信息、预报预警产品提供给公路交通部门。

五、加强交通气象服务标准化建设

要大力推进公路交通气象业务标准体系建设。双方要联合制定公路交通气象站设置安装、检测校准、通讯协议、信息交换共享、预报服务产品制作、信息发布等方面的规范和标准。要充分利用各自的资源和技术优势，形成合力，共同加快相关标准和规范的编制工作，促进公路交通气象业务的规范化发展。

六、研究探索建立多样化的公路交通气象合作模式

各地公路交通、气象部门要根据各地特点和需求，探索建立符合本地实际的公路交通气象业务发展长效合作机制，建立多方参与、权责明晰的公路交通气象监测系统建设、运营维护与服务提供模式。对于面向公众的灾害性天气预报预警、实况监测信息等服务，属气象部门公益服务范畴的，由各级气象部门无偿提供。对于相关部门和单位提出的个性化公路气象服务需求，由气象部门按照有关规定通过协议方式予以提供。

二〇一〇年八月三十一日

气象灾害防御条例

中华人民共和国国务院令

第 687 号

现公布《国务院关于修改部分行政法规的决定》，自公布之日起施行。

总理 李克强

2017 年 10 月 7 日

(2010 年 1 月 20 日国务院第 98 次常务会议通过；根据 2017 年 10 月 7 日中华人民共和国国务院令第 687 号修改)

第一章 总 则

第一条 为了加强气象灾害的防御，避免、减轻气象灾害造成的损失，保障人民生命财产安全，根据《中华人民共和国气象法》，制定本条例。

第二条 在中华人民共和国领域和中华人民共和国管辖的其他海域内从事气象灾害防御活动的,应当遵守本条例。

本条例所称气象灾害,是指台风、暴雨(雪)、寒潮、大风(沙尘暴)、低温、高温、干旱、雷电、冰雹、霜冻和大雾等所造成的灾害。

水旱灾害、地质灾害、海洋灾害、森林草原火灾等因气象因素引发的衍生、次生灾害的防御工作,适用有关法律、行政法规的规定。

第三条 气象灾害防御工作实行以人为本、科学防御、部门联动、社会参与的原则。

第四条 县级以上人民政府应当加强对气象灾害防御工作的组织、领导和协调,将气象灾害的防御纳入本级国民经济和社会发展规划,所需经费纳入本级财政预算。

第五条 国务院气象主管机构和国务院有关部门应当按照职责分工,共同做好全国气象灾害防御工作。

地方各级气象主管机构和县级以上地方人民政府有关部门应当按照职责分工,共同做好本行政区域的气象灾害防御工作。

第六条 气象灾害防御工作涉及两个以上行政区域的,有关地方人民政府、有关部门应当建立联防制度,加强信息沟通和监督检查。

第七条 地方各级人民政府、有关部门应当采取多种形式,向社会宣传普及气象灾害防御知识,提高公众的防灾减灾意识和能力。

学校应当把气象灾害防御知识纳入有关课程和课外教育内容,培养和提高学生的气象灾害防范意识和自救互救能力。教育、气象等部门应当对学校开展的气象灾害防御教育进行指导和监督。

第八条 国家鼓励开展气象灾害防御的科学技术研究,支持气象灾害防御先进技术的推广和应用,加强国际合作与交流,提高气象灾害防御的科技水平。

第九条 公民、法人和其他组织有义务参与气象灾害防御工作,在气象灾害发生后开展自救互救。

对在气象灾害防御工作中做出突出贡献的组织和个人,按照国家有关规定给予表彰和奖励。

第二章　预　防

第十条 县级以上地方人民政府应当组织气象等有关部门对本行政区域内发生的气象灾害的种类、次数、强度和造成的损失等情况开展气象灾害普查,建立气象灾害数据库,按照气象灾害的种类进行气象灾害风险评估,并根据气象灾害分布情况和气象灾害风险评估结果,划定气象灾害风险区域。

第十一条 国务院气象主管机构应当会同国务院有关部门,根据气象灾害风险评估结果和气象灾害风险区域,编制国家气象灾害防御规划,报国务院批准后组织实施。

县级以上地方人民政府应当组织有关部门,根据上一级人民政府的气象灾害防御规划,结合本地气象灾害特点,编制本行政区域的气象灾害防御规划。

第十二条 气象灾害防御规划应当包括气象灾害发生发展规律和现状、防御原则和目标、易发区和易发时段、防御设施建设和管理以及防御措施等内容。

第十三条 国务院有关部门和县级以上地方人民政府应当按照气象灾害防御规划,加强气象灾害防御设施建设,做好气象灾害防御工作。

第十四条 国务院有关部门制定电力、通信等基础设施的工程建设标准,应当考虑气象灾害的影响。

第十五条 国务院气象主管机构应当会同国务院有关部门,根据气象灾害防御需要,编制国家气象灾害应急预案,报国务院批准。

县级以上地方人民政府、有关部门应当根据气象灾害防御规划,结合本地气象灾害的特点和可能造成的危害,组织制定本行政区域的气象灾害应急预案,报上一级人民政府、有关部门备案。

第十六条 气象灾害应急预案应当包括应急预案启动标准、应急组织指挥体系与职责、预防与预警机制、应急处置措施和保障措施等内容。

第十七条 地方各级人民政府应当根据本地气象灾害特点,组织开展气象灾害应急演练,提高应急救援能力。居民委员会、村民委员会、企业事业单位应当协助本地人民政府做好气象灾害防御知识的宣传和气象灾害应急演练工作。

第十八条 大风(沙尘暴)、龙卷风多发区域的地方各级人民政府、有关部门应当加强防护林和紧急避难场所等建设,并定期组织开展建(构)筑物防风避险的监督检查。

台风多发区域的地方各级人民政府、有关部门应当加强海塘、堤防、避风港、防护林、避风锚地、紧急避难场所等建设,并根据台风情况做好人员转移等准备工作。

第十九条 地方各级人民政府、有关部门和单位应当根据本地降雨情况,定期组织开展各种排水设施检查,及时疏通河道和排水管网,加固病险水库,加强对地质灾害易发区和堤防等重要险段的巡查。

第二十条 地方各级人民政府、有关部门和单位应当根据本地降雪、冰冻发生情况，加强电力、通信线路的巡查，做好交通疏导、积雪（冰）清除、线路维护等准备工作。

有关单位和个人应当根据本地降雪情况，做好危旧房屋加固、粮草储备、牲畜转移等准备工作。

第二十一条 地方各级人民政府、有关部门和单位应当在高温来临前做好供电、供水和防暑医药供应的准备工作，并合理调整工作时间。

第二十二条 大雾、霾多发区域的地方各级人民政府、有关部门和单位应当加强对机场、港口、高速公路、航道、渔场等重要场所和交通要道的大雾、霾的监测设施建设，做好交通疏导、调度和防护等准备工作。

第二十三条 各类建（构）筑物、场所和设施安装雷电防护装置应当符合国家有关防雷标准的规定。新建、改建、扩建建（构）筑物、场所和设施的雷电防护装置应当与主体工程同时设计、同时施工、同时投入使用。

新建、改建、扩建建设工程雷电防护装置的设计、施工，可以由取得相应建设、公路、水路、铁路、民航、水利、电力、核电、通信等专业工程设计、施工资质的单位承担。

油库、气库、弹药库、化学品仓库和烟花爆竹、石化等易燃易爆建设工程和场所，雷电易发区内的矿区、旅游景点或者投入使用的建（构）筑物、设施等需要单独安装雷电防护装置的场所，以及雷电风险高且没有防雷标准规范、需要进行特殊论证的大型项目，其雷电防护装置的设计审核和竣工验收由县级以上地方气象主管机构负责。未经设计审核或者设计审核不合格的，不得施工；未经竣工验收或者竣工验收不合格的，不得交付使用。

房屋建筑、市政基础设施、公路、水路、铁路、民航、水利、电力、核电、通信等建设工程的主管部门，负责相应领域内建设工程的防雷管理。

第二十四条　从事雷电防护装置检测的单位应当具备下列条件，取得国务院气象主管机构或者省、自治区、直辖市气象主管机构颁发的资质证：

（一）有法人资格；

（二）有固定的办公场所和必要的设备、设施；

（三）有相应的专业技术人员；

（四）有完备的技术和质量管理制度；

（五）国务院气象主管机构规定的其他条件。

从事电力、通信雷电防护装置检测的单位的资质证由国务院气象主管机构和国务院电力或者国务院通信主管部门共同颁发。

第二十五条　地方各级人民政府、有关部门应当根据本地气象灾害发生情况，加强农村地区气象灾害预防、监测、信息传播等基础设施建设，采取综合措施，做好农村气象灾害防御工作。

第二十六条　各级气象主管机构应当在本级人民政府的领导和协调下，根据实际情况组织开展人工影响天气工作，减轻气象灾害的影响。

第二十七条　县级以上人民政府有关部门在国家重大建设工程、重大区域性经济开发项目和大型太阳能、风能等气候资源开发利用项目以及城乡规划编制中，应当统筹考虑气候可行性和气象灾害的风险性，避免、减轻气象灾害的影响。

第三章　监测、预报和预警

第二十八条　县级以上地方人民政府应当根据气象灾害防御的需要，建设应急移动气象灾害监测设施，健全应急监测队伍，完善气象灾害监测体系。

县级以上人民政府应当整合完善气象灾害监测信息网络，实现信息资源共享。

第二十九条 各级气象主管机构及其所属的气象台站应当完善灾害性天气的预报系统，提高灾害性天气预报、警报的准确率和时效性。

各级气象主管机构所属的气象台站、其他有关部门所属的气象台站和与灾害性天气监测、预报有关的单位应当根据气象灾害防御的需要，按照职责开展灾害性天气的监测工作，并及时向气象主管机构和有关灾害防御、救助部门提供雨情、水情、风情、旱情等监测信息。

各级气象主管机构应当根据气象灾害防御的需要组织开展跨地区、跨部门的气象灾害联合监测，并将人口密集区、农业主产区、地质灾害易发区域、重要江河流域、森林、草原、渔场作为气象灾害监测的重点区域。

第三十条 各级气象主管机构所属的气象台站应当按照职责向社会统一发布灾害性天气警报和气象灾害预警信号，并及时向有关灾害防御、救助部门通报；其他组织和个人不得向社会发布灾害性天气警报和气象灾害预警信号。

气象灾害预警信号的种类和级别，由国务院气象主管机构规定。

第三十一条 广播、电视、报纸、电信等媒体应当及时向社会播发或者刊登当地气象主管机构所属的气象台站提供的适时灾害性天气警报、气象灾害预警信号，并根据当地气象台站的要求及时增播、插播或者刊登。

第三十二条 县级以上地方人民政府应当建立和完善气象灾害预警信息发布系统，并根据气象灾害防御的需要，在交通枢纽、公共活动场所等人口密集区域和气象灾害易发区域建立灾害性天气警报、气象灾害预警信号接收和播发设施，并保证设施的正常运转。

乡（镇）人民政府、街道办事处应当确定人员，协助气象主管机构、民政部门开展气象灾害防御知识宣传、应急联络、信息传递、灾害报告和灾情调查等工作。

第三十三条　各级气象主管机构应当做好太阳风暴、地球空间暴等空间天气灾害的监测、预报和预警工作。

第四章　应急处置

第三十四条　各级气象主管机构所属的气象台站应当及时向本级人民政府和有关部门报告灾害性天气预报、警报情况和气象灾害预警信息。

县级以上地方人民政府、有关部门应当根据灾害性天气警报、气象灾害预警信号和气象灾害应急预案启动标准，及时作出启动相应应急预案的决定，向社会公布，并报告上一级人民政府；必要时，可以越级上报，并向当地驻军和可能受到危害的毗邻地区的人民政府通报。

发生跨省、自治区、直辖市大范围的气象灾害，并造成较大危害时，由国务院决定启动国家气象灾害应急预案。

第三十五条　县级以上地方人民政府应当根据灾害性天气影响范围、强度，将可能造成人员伤亡或者重大财产损失的区域临时确定为气象灾害危险区，并及时予以公告。

第三十六条　县级以上地方人民政府、有关部门应当根据气象灾害发生情况，依照《中华人民共和国突发事件应对法》的规定及时采取应急处置措施；情况紧急时，及时动员、组织受到灾害威胁的人员转移、疏散，开展自救互救。

对当地人民政府、有关部门采取的气象灾害应急处置措施，任何单位和个人应当配合实施，不得妨碍气象灾害救助活动。

第三十七条 气象灾害应急预案启动后，各级气象主管机构应当组织所属的气象台站加强对气象灾害的监测和评估，启用应急移动气象灾害监测设施，开展现场气象服务，及时向本级人民政府、有关部门报告灾害性天气实况、变化趋势和评估结果，为本级人民政府组织防御气象灾害提供决策依据。

第三十八条 县级以上人民政府有关部门应当按照各自职责，做好相应的应急工作。

民政部门应当设置避难场所和救济物资供应点，开展受灾群众救助工作，并按照规定职责核查灾情、发布灾情信息。

卫生主管部门应当组织医疗救治、卫生防疫等卫生应急工作。

交通运输、铁路等部门应当优先运送救灾物资、设备、药物、食品，及时抢修被毁的道路交通设施。

住房城乡建设部门应当保障供水、供气、供热等市政公用设施的安全运行。

电力、通信主管部门应当组织做好电力、通信应急保障工作。

国土资源部门应当组织开展地质灾害监测、预防工作。

农业主管部门应当组织开展农业抗灾救灾和农业生产技术指导工作。

水利主管部门应当统筹协调主要河流、水库的水量调度，组织开展防汛抗旱工作。

公安部门应当负责灾区的社会治安和道路交通秩序维护工作，协助组织灾区群众进行紧急转移。

第三十九条　气象、水利、国土资源、农业、林业、海洋等部门应当根据气象灾害发生的情况，加强对气象因素引发的衍生、次生灾害的联合监测，并根据相应的应急预案，做好各项应急处置工作。

第四十条　广播、电视、报纸、电信等媒体应当及时、准确地向社会传播气象灾害的发生、发展和应急处置情况。

第四十一条　县级以上人民政府及其有关部门应当根据气象主管机构提供的灾害性天气发生、发展趋势信息以及灾情发展情况，按照有关规定适时调整气象灾害级别或者作出解除气象灾害应急措施的决定。

第四十二条　气象灾害应急处置工作结束后，地方各级人民政府应当组织有关部门对气象灾害造成的损失进行调查，制定恢复重建计划，并向上一级人民政府报告。

第五章　法律责任

第四十三条　违反本条例规定，地方各级人民政府、各级气象主管机构和其他有关部门及其工作人员，有下列行为之一的，由其上级机关或者监察机关责令改正；情节严重的，对直接负责的主管人员和其他直接责任人员依法给予处分；构成犯罪的，依法追究刑事责任：

（一）未按照规定编制气象灾害防御规划或者气象灾害应急预案的；

（二）未按照规定采取气象灾害预防措施的；

（三）向不符合条件的单位颁发雷电防护装置检测资质证的；

（四）隐瞒、谎报或者由于玩忽职守导致重大漏报、错报灾害性天气警报、气象灾害预警信号的；

（五）未及时采取气象灾害应急措施的；

（六）不依法履行职责的其他行为。

第四十四条 违反本条例规定，有下列行为之一的，由县级以上地方人民政府或者有关部门责令改正；构成违反治安管理行为的，由公安机关依法给予处罚；构成犯罪的，依法追究刑事责任：

（一）未按照规定采取气象灾害预防措施的；

（二）不服从所在地人民政府及其有关部门发布的气象灾害应急处置决定、命令，或者不配合实施其依法采取的气象灾害应急措施的。

第四十五条 违反本条例规定，有下列行为之一的，由县级以上气象主管机构或者其他有关部门按照权限责令停止违法行为，处5万元以上10万元以下的罚款；有违法所得的，没收违法所得；给他人造成损失的，依法承担赔偿责任：

（一）无资质或者超越资质许可范围从事雷电防护装置检测的；

（二）在雷电防护装置设计、施工、检测中弄虚作假的。

（三）违反本条例第二十三条第三款的规定，雷电防护装置未经设计审核或者设计审核不合格施工的，未经竣工验收或者竣工验收不合格交付使用的

第四十六条 违反本条例规定，有下列行为之一的，由县级以上气象主管机构责令改正，给予警告，可以处5万元以下的罚款；构成违反治安管理行为的，由公安机关依法给予处罚：

（一）擅自向社会发布灾害性天气警报、气象灾害预警信号的；

（二）广播、电视、报纸、电信等媒体未按照要求播发、刊

登灾害性天气警报和气象灾害预警信号的；

（三）传播虚假的或者通过非法渠道获取的灾害性天气信息和气象灾害灾情的。

第六章　附　则

第四十七条　中国人民解放军的气象灾害防御活动，按照中央军事委员会的规定执行。

第四十八条　本条例自2010年4月1日起施行。

附 录

气象灾害预警信号发布与传播办法

中国气象局令

第 16 号

《气象灾害预警信号发布与传播办法》经 2007 年 6 月 11 日中国气象局局务会审议通过，现予公布，自发布之日起施行。

中国气象局局长
二〇〇七年六月十二日

第一条 为了规范气象灾害预警信号发布与传播，防御和减轻气象灾害，保护国家和人民生命财产安全，依据《中华人民共和国气象法》、《国家突发公共事件总体应急预案》，制定本办法。

第二条 在中华人民共和国领域和中华人民共和国管辖的其他海域发布与传播气象灾害预警信号，必须遵守本办法。

本办法所称气象灾害预警信号（以下简称预警信号），是指各级气象主管机构所属的气象台站向社会公众发布的预警信息。

预警信号由名称、图标、标准和防御指南组成，分为台风、暴雨、暴雪、寒潮、大风、沙尘暴、高温、干旱、雷电、冰雹、霜冻、大雾、霾、道路结冰等。

第三条 预警信号的级别依据气象灾害可能造成的危害程度、紧急程度和发展态势一般划分为四级：Ⅳ级（一般）、Ⅲ级（较重）、Ⅱ级（严重）、Ⅰ级（特别严重），依次用蓝色、黄色、橙色和红色表示，同时以中英文标识。

本办法根据不同种类气象灾害的特征、预警能力等，确定不同种类气象灾害的预警信号级别。

第四条 国务院气象主管机构负责全国预警信号发布、解除与传播的管理工作。

地方各级气象主管机构负责本行政区域内预警信号发布、解除与传播的管理工作。

其他有关部门按照职责配合气象主管机构做好预警信号发布与传播的有关工作。

第五条 地方各级人民政府应当加强预警信号基础设施建设，建立畅通、有效的预警信息发布与传播渠道，扩大预警信息覆盖面，并组织有关部门建立气象灾害应急机制和系统。

学校、机场、港口、车站、高速公路、旅游景点等人口密集公共场所的管理单位应当设置或者利用电子显示装置及其他设施传播预警信号。

第六条 国家依法保护预警信号专用传播设施，任何组织或者个人不得侵占、损毁或者擅自移动。

第七条 预警信号实行统一发布制度。

各级气象主管机构所属的气象台站按照发布权限、业务流程发布预警信号，并指明气象灾害预警的区域。发布权限和业务流程由国务院气象主管机构另行制定。

其他任何组织或者个人不得向社会发布预警信号。

第八条　各级气象主管机构所属的气象台站应当及时发布预警信号，并根据天气变化情况，及时更新或者解除预警信号，同时通报本级人民政府及有关部门、防灾减灾机构。

当同时出现或者预报可能出现多种气象灾害时，可以按照相对应的标准同时发布多种预警信号。

第九条　各级气象主管机构所属的气象台站应当充分利用广播、电视、固定网、移动网、因特网、电子显示装置等手段及时向社会发布预警信号。在少数民族聚居区发布预警信号时除使用汉语言文字外，还应当使用当地通用的少数民族语言文字。

第十条　广播、电视等媒体和固定网、移动网、因特网等通信网络应当配合气象主管机构及时传播预警信号，使用气象主管机构所属的气象台站直接提供的实时预警信号，并标明发布预警信号的气象台站的名称和发布时间，不得更改和删减预警信号的内容，不得拒绝传播气象灾害预警信号，不得传播虚假、过时的气象灾害预警信号。

第十一条　地方各级人民政府及其有关部门在接到气象主管机构所属的气象台站提供的预警信号后，应当及时公告，向公众广泛传播，并按照职责采取有效措施做好气象灾害防御工作，避免或者减轻气象灾害。

第十二条　气象主管机构应当组织气象灾害预警信号的教育宣传工作，编印预警信号宣传材料，普及气象防灾减灾知识，增强社会公众的防灾减灾意识，提高公众自救、互救能力。

第十三条　违反本办法规定，侵占、损毁或者擅自移动预警信号专用传播设施的，由有关气象主管机构依照《中华人民共和国气象法》第三十五条的规定追究法律责任。

第十四条　违反本办法规定，有下列行为之一的，由有关气象主管机构依照《中华人民共和国气象法》第三十八条的规定追究法律责任：

（一）非法向社会发布与传播预警信号的；

（二）广播、电视等媒体和固定网、移动网、因特网等通信网络不使用气象主管机构所属的气象台站提供的实时预警信号的。

第十五条 气象工作人员玩忽职守，导致预警信号的发布出现重大失误的，对直接责任人员和主要负责人给予行政处分；构成犯罪的，依法追究刑事责任。

第十六条 地方各级气象主管机构所属的气象台站发布预警信号，适用本办法所附《气象灾害预警信号及防御指南》中的各类预警信号标准。

省、自治区、直辖市制定地方性法规、地方政府规章或者规范性文件时，可以根据本行政区域内气象灾害的特点，选用或者增设本办法规定的预警信号种类，设置不同信号标准，并经国务院气象主管机构审查同意。

第十七条 国务院气象主管机构所属的气象台站发布的预警信号标准由国务院气象主管机构另行制定。

第十八条 本办法自发布之日起施行。

国务院办公厅关于加强气象灾害监测预警及信息发布工作的意见

国办发〔2011〕33号

各省、自治区、直辖市人民政府，国务院各部委、各直属机构：

　　加强气象灾害监测预警及信息发布是防灾减灾工作的关键环节，是防御和减轻灾害损失的重要基础。经过多年不懈努力，我国气象灾害监测预警及信息发布能力大幅提升，但局地性和突发性气象灾害监测预警能力不够强、信息快速发布传播机制不完善、预警信息覆盖存在"盲区"等问题在一些地方仍然比较突出。为有效应对全球气候变化加剧、极端气象灾害多发频发的严峻形势，切实做好气象灾害监测预警及信息发布工作，经国务院同意，现提出如下意见：

　　一、总体要求和工作目标

　　（一）总体要求

　　深入贯彻落实科学发展观，坚持以人为本、预防为主，政府主导、部门联动，统一发布、分级负责，以保障人民生命财产安全为根本，以提高预警信息发布时效性和覆盖面为重点，依靠法制、依靠科技、依靠基层，进一步完善气象灾害监测预报网络，加快推进信息发布系统建设，积极拓宽预警信息传播渠道，着力健全预警联动工作机制，努力做到监测到位、预报准确、预警及时、应对高效，最大程度减轻灾害损失，为经济社会发展创造良好条件。

　　（二）工作目标

　　加快构建气象灾害实时监测、短临预警和中短期预报无缝衔接，预警信息发布、传播、接收快捷高效的监测预警体系。力争到2015年，灾害性天气预警信息提前15—30分钟以上发出，气象灾害预警信息公众覆盖率达到90%以上。到2020年，建成功能齐全、科学高效、覆盖城乡和沿海的气象灾害监测预警及信息发布系统，气象灾害监测预报预警能力进一步提升，预警信息发布时效性进一步提高，基本消除预警信息发布"盲区"。

二、提高监测预报能力

（三）加强监测网络建设

加快推进气象卫星、新一代天气雷达、高性能计算机系统等工程建设，建成气象灾害立体观测网，实现对重点区域气象灾害的全天候、高时空分辨率、高精度连续监测。加强交通和通信干线、重要输电线路沿线、重要输油（气）设施、重要水利工程、重点经济开发区、重点林区和旅游区等的气象监测设施建设，尽快构建国土、气象、水利等部门联合的监测预警信息共享平台。加强海上、青藏高原及边远地区等监测站点稀疏区气象灾害监测设施建设，加密台风、风暴潮易发地气象、海洋监测网络布点，实现灾害易发区乡村两级气象灾害监测设施全覆盖。强化粮食主产区、重点林区、生态保护重点区、水资源开发利用和保护重点区旱情监测，加密布设土壤水分、墒情和地下水监测设施。加强移动应急观测系统、应急通信保障系统建设，提升预报预警和信息发布支撑能力。

（四）强化监测预报工作

进一步加强城市、乡村、江河流域、水库库区等重点区域气象灾害监测预报，着力提高对中小尺度灾害性天气的预报精度。在台风、强降雨、暴雪、冰冻、沙尘暴等灾害性天气来临前，要加密观测、滚动会商和准确预报，特别要针对突发暴雨、强对流天气等强化实况监测和实时预警，对灾害发生时间、强度、变化趋势以及影响区域等进行科学研判，提高预报精细化水平。要建立综合临近报警系统，在人口密集区及其上游高山峡谷地带加强气象、水文、地质联合监测，及早发现山洪及滑坡、泥石流等地质灾害险情。加强农村、林区及雷电多发区域的雷电灾害监测。充分利用卫星遥感等技术和手段，加强森林草原致灾因子监测，及时发布高火险天气预报。

（五）开展气象灾害影响风险评估

地方各级人民政府要组织做好气象灾害普查、风险评估和隐患排查工作，全面查清本区域内发生的气象灾害种类、次数、强度和造成的损失等情况，建立以社区、乡村为单元的气象灾害调查收集网络，组织开展基础设施、建筑物等抵御气象灾害能力普查，推进气象灾害风险数据库建设，编制分灾种气象灾害风险区划图。在城乡规划编制和重大工程项目、区域性经济开发项目建设前，要严格按规定开展气候可行性论证，充分考虑气候变化因素，避免、减轻气象灾害的影响。

三、加强预警信息发布

（六）完善预警信息发布制度

各地区要抓紧制定突发事件预警信息发布管理办法，明确气象灾害预警信息发布权限、流程、渠道和工作机制等。建立完善重大气象灾害预警信息紧急发布制度，对于台风、暴雨、暴雪等气象灾害红色预警和局地暴雨、雷雨大风、冰雹、龙卷风、沙尘暴等突发性气象灾害预警，要减少审批环节，建立快速发布的"绿色通道"，通过广播、电视、互联网、手机短信等各种手段和渠道第一时间无偿向社会公众发布。

（七）加快预警信息发布系统建设

积极推进国家突发公共事件预警信息发布系统建设，形成国家、省、地、县四级相互衔接、规范统一的气象灾害预警信息发布体系,实现预警信息的多手段综合发布。加快推进国家通信网应急指挥调度系统升级完善,提升公众通信网应急服务能力。各地区、各有关部门要积极适应气象灾害预警信息快捷发布的需要,加快气象灾害预警信息接收传递设备设施建设。

(八)加强预警信息发布规范管理

气象灾害预警信息由各级气象部门负责制作,因气象因素引发的次生、衍生灾害预警信息由有关部门和单位制作,根据政府授权按预警级别分级发布,其他组织和个人不得自行向社会发布。气象部门要会同有关部门细化气象灾害预警信息发布标准,分类别明确灾害预警级别、起始时间、可能影响范围、警示事项等,提高预警信息的科学性和有效性。

四、强化预警信息传播

(九)充分发挥新闻媒体和手机短信的作用

各级广电、新闻出版、通信主管部门及有关媒体、企业要大力支持预警信息发布工作。广播、电视、报纸、互联网等社会媒体要切实承担社会责任,及时、准确、无偿播发或刊载气象灾害预警信息,紧急情况下要采用滚动字幕、加开视频窗口甚至中断正常播出等方式迅速播报预警信息及有关防范知识。各基础电信运营企业要根据应急需求对手机短信平台进行升级改造,提高预警信息发送效率,按照政府及其授权部门的要求及时向灾害预警区域手机用户免费发布预警信息。

(十)完善预警信息传播手段

地方各级人民政府和相关部门要在充分利用已有资源的基础上,在学校、社区、机场、港口、车站、旅游景点等人员密集区和公共场所建设电子显示屏等畅通、有效的预警信息接收与传播设施。完善和扩充气象频道传播预警信息功能。重点加强农村偏远地区预警信息接收终端建设，因地制宜地利用有线广播、高音喇叭、鸣锣吹哨等多种方式及时将灾害预警信息传递给受影响群众。要加快推进国家应急广播体系建设，实现与气象灾害预警信息发布体系有效衔接，进一步提升预警信息在偏远农村、牧区、山区、渔区的传播能力。

（十一）加强基层预警信息接收传递

县、乡级人民政府有关部门，学校、医院、社区、工矿企业、建筑工地等要指定专人负责气象灾害预警信息接收传递工作，重点健全向基层社区传递机制，形成县—乡—村—户直通的气象灾害预警信息传播渠道。居民委员会、村民委员会等基层组织要第一时间传递预警信息，迅速组织群众防灾避险。充分发挥气象信息员、灾害信息员、群测群防员传播预警信息的作用，为其配备必要的装备，给予必要经费补助。

五、有效发挥预警信息作用

（十二）健全预警联动机制

气象部门要及时发布气象灾害监测预报信息，并与工业和信息化、公安、民政、国土资源、环境保护、交通运输、铁道、水利、农业、卫生、安全监管、林业、旅游、地震、电力监管、海洋等部门及军队有关单位和武警部队建立气象灾害监测预报预警联动机制，实现信息实时共享；各有关部门要及时研判预警信息对本行业领域的影响，科学安排部署防灾减灾工作。建立气象灾害预警部际联席会议制度，定期沟通预警联动情况，会商重大气象灾害预警工作，协调解决气象灾害监测预警及信息发布中的重要事项。

（十三）加强军地信息共享

军地有关部门要进一步完善自然灾害信息军地共享机制，通过建立网络专线等方式，加快省、地、县各级气象灾害预警信息发布系统与当地驻军、武警部队互联互通。发布气象灾害预警信息时，各级人民政府有关部门要及时通报军队有关单位和武警部队，共同做好各类气象灾害应对工作。

（十四）落实防灾避险措施

预警信息发布后，地方各级人民政府及有关部门要及时组织采取防范措施，做好队伍、装备、资金、物资等应急准备，加强交通、供电、通信等基础设施监控和水利工程调度等，并组织对高风险部位进行巡查巡检，根据应急预案适时启动应急响应，做好受威胁群众转移疏散、救助安置等工作。灾害影响区内的社区、乡村和企事业单位，要组织居民群众和本单位职工做好先期防范和灾害应对。

六、加强组织领导和支持保障

（十五）强化组织保障

地方各级人民政府要切实加强组织协调，明确部门职责分工，将气象灾害防御工作纳入政府绩效考核，综合运用法律、行政、工程、科技、经济等手段，大力推进气象灾害监测预警及信息发布工作。要认真落实气象灾害防范应对法律法规和应急预案，定期组织开展预警信息发布及各相关部门应急联动情况专项检查，做好预警信息发布、传播、应用效果的评估工作。

（十六）加大资金投入

各级发展改革、财政部门要加大支持力度，在年度预算中安排资金，保证气象灾害监测设施及预警信息发布系统建设和运行维护。各地区要把气象灾害预警工作作为气象灾害防御的重要内容，纳入当地经济社会发展规划，多渠道增加投入。建立国家财政支持的灾害风险保险体系，探索发挥金融、保险在支持气象灾害预警预防工作中的作用。

（十七）推进科普宣教

各地区要把气象灾害科普工作纳入当地全民科学素质行动计划纲要，通过气象科普基地、主题公园等，广泛宣传普及气象灾害预警和防范避险知识。要采取多种形式开展对各级领导干部、防灾减灾责任人和基层信息员的教育培训工作。面向社区、乡村、学校、企事业单位，加强对中小学生、农民、进城务工人员、海上作业人员等的防灾避险知识普及，提高公众自救互救能力。

（十八）加强舆论引导

各有关部门要加强同宣传部门和新闻媒体的联系沟通，及时准确提供信息，做好气象灾害监测预警工作宣传报道，引导社会公众正确理解和使用气象灾害预警信息，防止歪曲报道、恶意炒作，营造全社会共同关心、重视和支持预警信息发布、传播和应用工作的良好氛围。

国务院办公厅

二〇一一年七月十一日

气象行政处罚办法

中国气象局令

第 19 号

《中国气象局关于修改〈气象行政处罚办法〉的决定》已经 2009 年 3 月 31 日中国气象局局务会审议通过，现予公布，自 2009 年 5 月 1 日起施行。

中国气象局局长
二〇〇九年四月四日

第一章 总 则

第一条 为了规范气象行政处罚行为，保障和监督气象主管机构有效地实施行政管理，维护气象工作秩序，保护公民、法人或者其他组织的合法权益，根据《中华人民共和国行政处罚法》、《中华人民共和国气象法》和有关法律、法规的规定，制定本办法。

第二条 气象行政处罚的设定和实施，适用本办法。

第三条 各级气象主管机构实施气象行政处罚,应当以法律、法规和规章为依据,并依照法定的程序实施。

各级气象主管机构应当加强对气象行政执法人员的管理和培训,以提高气象行政执法水平。

第四条 国务院气象主管机构负责指导、监督和管理全国的气象行政处罚工作。

地方各级气象主管机构在上一级气象主管机构和本级人民政府的领导下,指导、监督和管理本行政区域内的气象行政处罚工作。

地(市)级以上气象主管机构负责法制工作的机构(以下简称气象法制机构)对本行政区域内的气象行政处罚工作实施归口管理。

第五条 实施气象行政处罚必须遵循公正、公开的原则,坚持处罚与教育相结合。

第六条 各级气象主管机构对气象违法行为查证属实后,应当责令当事人停止违法行为,改正、限期恢复原状或者采取其他补救措施等行政强制措施,并依法给予行政处罚。

第七条 对当事人同一个气象违法行为,不得给予两次以上罚款的行政处罚。

气象主管机构作出罚款处罚,实行决定罚款与收缴罚款分离制度。

第八条 气象主管机构在对气象违法行为实施处罚时,应当在法定的处罚种类和幅度范围内,综合考虑以下情节:

(一)当事人的过错程度;

(二)违法行为造成的危害后果;

(三)当事人改正违法行为的态度和采取的改正措施;

(四)其他依法应当考虑的情节。

第二章 行政处罚的实施主体与管辖

第九条 各级气象主管机构在法定职权范围内实施气象行政处罚。

第十条 气象主管机构在必要时，可以在其法定职权范围内委托符合《中华人民共和国行政处罚法》第十八条、第十九条规定条件的组织实施气象行政处罚。受委托的组织在委托范围内，以委托其处罚的气象主管机构名义实施行政处罚。

委托的气象主管机构，负责监督受委托的组织实施行政处罚的行为，并对该行为的后果承担法律责任。

第十一条 各级气象主管机构管辖本行政区域内的气象行政处罚案件。

气象行政处罚一般由违法行为发生地的气象主管机构管辖。下列气象行政处罚案件，由本条规定的气象主管机构管辖：

（一）对违反《气象法》规定，从事大气环境影响评价的单位进行工程建设项目大气环境影响评价时，使用的气象资料不是气象主管机构提供或者未经其审查的行政处罚，由建设工程所在地的气象主管机构管辖；

（二）对外国组织或者个人在中华人民共和国领域及其管辖的其他海域单独或者与中华人民共和国有关组织、个人合作从事气象活动违法行为的行政处罚，由该违法行为所在地的地（市）级以上气象主管机构管辖。

第十二条 两个以上气象主管机构都有管辖权的行政处罚案件，由最先立案的气象主管机构管辖。

第十三条 对气象行政处罚案件的管辖权发生争议时，争议双方应当报请共同的上一级气象主管机构指定管辖。

下级气象主管机构对其管辖范围内的行政处罚案件实施处罚有困难的，可以报请上级气象主管机构指定管辖。

第十四条 对超出管辖范围或者法律、法规规定不属于气象主管机构主管的案件，应当将案件移送有管辖权的单位或者部门，并按照规定填写案件移送书。

第三章 行政处罚的程序

第一节 简易程序

第十五条 气象主管机构对违法事实确凿、情节轻微并有法定依据，对公民处以50元以下、对法人或者其他组织处以1000元以下罚款或者警告的行政处罚，可以当场作出气象行政处罚决定。

第十六条 当场作出气象行政处罚决定时，气象行政执法人员不得少于两人，并应当遵守下列程序

（一）气象行政执法人员应当向当事人出示行政执法证件；

（二）现场查清当事人的违法事实，并制作现场检查或者调查笔录；

（三）向当事人说明违法的事实、气象行政处罚的理由和依据，并告知当事人依法享有的权利；

（四）听取当事人的陈述和申辩，对当事人提出的事实、理由和证据成立的，应当采纳；

（五）气象行政执法人员在进行现场处罚时，必须使用统一的、有预定格式、编有号码的现场处罚决定书，载明当事人的违法行为、行政处罚依据、罚款数额、时间、地点以及气象主

管机构的名称,并由气象行政执法人员签名或者盖章后,当场交给当事人;

(六)告知当事人如对当场作出的行政处罚决定不服,可以依法申请行政复议或者提起行政诉讼。

气象行政执法人员当场作出的行政处罚决定,必须在决定之日起3日内报所属气象主管机构备案。

第十七条　气象行政执法人员现场作出行政处罚决定,有下列情形之一的,可以当场收缴罚款:

(一)依法给予20元以下罚款;

(二)不当场收缴事后难以执行的;

(三)在边远、水上、交通不便地区,气象行政执法人员依照本办法作出处罚决定后,当事人向指定银行缴纳罚款有困难而提出当场缴纳罚款的。

第十八条　气象行政执法人员当场收缴的罚款,必须向当事人出具省、自治区、直辖市财政部门统一制发的罚款收据,并将罚款自收缴之日起2日内,上缴本级气象主管机构。气象主管机构应当在2日内,将罚款缴付指定的银行。

第十九条　现场处罚执行完毕的案件,应当及时整理案卷、归档,并报所属气象主管机构备案。

第二节　一般程序

第二十条　除本办法第十五条规定可以适用简易程序当场作出决定的行政处罚外,气象主管机构实施的其他行政处罚均应当遵守本办法规定的一般程序。

第二十一条　气象主管机构在检查中发现或者接到举报、控告的气象违法行为或者移送的气象违法案件,应当予以审查,并在7日内决定是否立案。在现场检查过程中,发现涉嫌违法行为的，可以先行收集证据。

需要立案办理的案件，承办人员应当填写气象行政执法立案审批表，并报经本级气象主管机构负责人批准后立案。

第二十二条　气象主管机构对立案的气象违法案件，必须指定专人负责，及时组织调查取证。调查取证时，执法人员不得少于两人。

气象行政执法人员与当事人有直接利害关系的，应当回避。

第二十三条　气象行政执法人员调查取证时，应当向当事人或者有关人员出示行政执法证件。询问或者调查时，应当制作笔录。

承办人员进行询问调查时，应当允许当事人作辩解陈述，并将情况记入调查笔录，经当事人认可后，签名或者押印。

第二十四条　气象行政执法人员在调查过程中，有权进入现场进行调查和取证，查阅或者复制有关记录和其他有关资料。

气象行政执法人员在收集证据时，可以采取抽样取证的方法。在证据可能灭失或者以后难以取得的情况下，经气象主管机构负责人批准，可以先行登记保存，填写登记保存（封存）通知书，并在7日内及时作出处理决定。

气象行政执法人员应当为被调查单位或者个人保守有关技术秘密、业务秘密和商业秘密。

第二十五条　现场勘验检查，由执法人员、法定检验（检定）机构的人员进行，也可以邀请有关技术人员参加。执法人员应当通知当事人到场，无正当理由拒不到场的，承办人员在笔录中记明情况，不影响勘验检查的进行。

勘验检查的情况记入现场勘验检查笔录，当事人应当签名或者押印。

第二十六条　调查终结后，案件承办人员应当在听取当事人陈述申辩并制作笔录后,提出已查明违法行为的事实和证据以及依法给予行政处罚的初步意见,送本级气象法制机构审查。无气象法制机构的,由气象主管机构负责人审查。

第二十七条 气象法制机构或者气象主管机构负责人应当对案件的以下内容进行审查:

(一)违法事实是否清楚;

(二)证据是否确凿;

(三)调查取证是否符合法定程序;

(四)适用法律是否正确;

(五)处罚种类和幅度是否适当;

(六)当事人陈述和申辩的理由是否成立。

经审查发现违法事实不清、证据不足或者调查取证不符合法定程序时,应当通知承办人员补充调查取证或者依法重新调查取证。

第二十八条 审查终结,气象法制机构或者气象主管机构负责人应当根据不同情况,分别提出以下处理意见:

(一)违法事实不能成立的,应当撤销案件;

(二)违法行为轻微的,可以免予行政处罚;

(三)违法事实成立的,决定给予行政处罚;

(四)法律、法规和规章规定由县级以上人民政府有关部门实施处罚的,应当将案件移送有关部门处理;

(五)气象违法行为涉嫌构成犯罪的,应当将案件移送司法机关处理。

第二十九条 气象主管机构在作出行政处罚决定之前,应当填写行政处罚告知书,书面告知当事人作出行政处罚的事实、理由、依据以及当事人依法享有的权利。

当事人收到行政处罚告知书之日起 3 日内可以提出书面陈

述、申辩意见。逾期未提出的，气象主管机构可以依法作出气象行政处罚决定。

第三十条 对于依法决定给予气象行政处罚的案件，承办人员负责制作气象行政处罚决定书，并报气象主管机构负责人批准后送达当事人。

第三十一条 气象行政处罚决定书，应当载明法律规定的以下事项：

（一）当事人姓名（名称）、住址（地址）；

（二）违法事实和证据；

（三）行政处罚的依据和内容；

（四）行政处罚的履行方式和期限；

（五）不服行政处罚决定，申请行政复议或者提起行政诉讼的途径和期限；

（六）加盖气象主管机构的印章，并写明制作日期。

第三十二条 气象行政处罚案件自立案之日起，应当在6个月内作出处理决定。特殊情况需要延长时间的，应当报上级气象主管机构批准并书面告知案件当事人。

第三十三条 作出行政处罚决定的气象主管机构应当在作出处罚决定之日起7日内，将气象行政处罚决定书送达当事人，并根据需要将副本抄送与案件有关的单位。

受送达人应当在送达回执上记明收到日期，并签名或者盖章。受送达人在送达回执上的签收日期即为送达日期。

受送达人拒绝签收的，送达人应当邀请有关基层组织或者受送达人所在单位人员到场见证，说明情况，并在送达回执上记明拒收理由和日期，由送达人、见证人签名或者盖章，把处罚决定书留置受送达人处，即视为送达。受送达人不在，可由其所在单位的领导或者成年家属代为签收。

邮寄送达以挂号回执上注明的日期为送达日期。

受送达人下落不明，或者用其他方式无法送达的，可以公告送达。自发布公告之日起，经过60日，即视为送达。公告送达，应当在案卷中注明原因和经过。

第三节　听证程序

第三十四条　依照气象法律、法规、规章作出吊销许可证（资质证、资格证）或者较大数额罚款等重大行政处罚决定之前，适用本节规定的听证程序。

第三十五条　气象主管机构对于适用听证程序的行政处罚案件，在作出行政处罚决定前，应当书面告知当事人有要求听证的权利。

当事人要求听证的，气象主管机构应当组织听证，当事人不承担气象主管机构组织听证的费用。

第三十六条　听证按照下列程序组织：

（一）当事人申请听证的，应当在气象主管机构告知后3日内提出；

（二）气象主管机构应当在听证的7日前，通知当事人举行听证的时间、地点；

（三）除涉及国家秘密、商业秘密或者个人隐私外，听证公开进行；

（四）听证主持人由气象法制机构的非本案调查人员主持，无气象法制机构的，由气象主管机构指定的非本案调查人员主持；

（五）当事人可以亲自听证，也可以委托1至2人代理参加听证；

（六）当事人认为主持人与本案有直接利害关系的，有权申

请回避,由主持人报气象主管机构负责人决定是否接受;

(七)听证由当事人、调查人员、证人以及与本案处理结果有直接利害关系的第三人参加;

(八)举行听证时,调查人员提出当事人违法的事实、证据、处罚依据以及行政处罚建议;

(九)当事人就案件的事实进行陈述和申辩,提出有关证据,对调查人员提出的证据进行质证;

(十)在听证过程中,主持人可以向调查人员、当事人、证人或者第三人发问,有关人员应当如实回答;

(十一)听证必须制作听证笔录,笔录应当交当事人审核无误后,由当事人签字或者押印。

第三十七条 听证结束后,主持人应当及时将听证结果报告气象主管机构负责人。气象主管机构应当根据本办法第二十八条的规定作出处理决定。

第四章 行政处罚的执行

第三十八条 气象行政处罚决定依法作出后,当事人应当在处罚决定书确定的期限内,履行处罚决定。

申请行政复议或者提起行政诉讼的,不停止行政处罚决定的执行。

气象主管机构对当事人逾期不履行行政处罚决定的,可以申请人民法院强制执行。

第三十九条 当事人应当自收到气象行政处罚决定书之日起15日内,到指定的银行缴纳罚款。

当事人到期不缴纳罚款的,作出处罚决定的气象主管机构可以每日按罚款数额的3%对当事人加处罚款。

当事人对加收罚款有异议的，应当先缴纳罚款和逾期加收的罚款，再依法申请行政复议。

第四十条　罚没款按照收支两条线的规定全部上缴国库。气象主管机构或者个人不得以任何方式截留、私分或者变相私分。

对罚没款的具体管理，按照本省、自治区、直辖市财政部门的规定执行。

第四十一条　行政处罚案件应当一案一档，由案件承办人员将案件的有关材料立卷归档。

第四十二条　各级气象主管机构应当建立气象行政处罚的备案制度。

下级气象主管机构对上级指定办理的处罚案件、适用听证程序的处罚案件或者申请行政复议、提起行政诉讼的处罚案件，应当在作出行政处罚决定或者行政复议、行政诉讼结案后30日内向上级气象主管机构备案。

第四十三条　气象主管机构通过接受当事人的申诉和检举，或者通过备案审查等途径，发现下级气象主管机构作出的行政处罚违法或者显失公正的，可以责令改正。

第四十四条　气象主管机构经过行政复议，发现下级气象主管机构作出的行政处罚违法或者显失公正的，可以依法撤销或者变更。

第四十五条　各级气象主管机构应当建立行政处罚案件统计制度，并定期向上级气象主管机构报送本行政区域的行政处罚情况。

第五章　附　则

第四十六条　本办法第三十四条所称"较大数额罚款"，是指对公民处以 5000 元（不含 5000 元）以上罚款，对法人或者其他组织处以 3 万元（不含 3 万元）以上罚款。

各省、自治区、直辖市通过的地方性法规或者地方政府规章对"较大数额罚款"的限额另有规定的，可以不受上述数额的限制。

第四十七条 气象行政处罚的执法文书，由国务院气象主管机构统一制定。当地人民政府法制部门对行政处罚文书格式有特殊要求的，按照其要求执行。

第四十八条 本办法未作规定的事项，遵照《中华人民共和国行政处罚法》的有关规定执行。

第四十九条 本办法自发布之日起施行。

附 录

气象行业管理若干规定

中国气象局令

第 34 号

《气象行业管理若干规定》已经2017年1月6日中国气象局局务会议审议通过，现予公布，自公布之日起施行。

2017 年 1 月 18 日

第一条 为了加强气象行业管理，促进气象行业协调发展，优化资源配置，实现资源共享，提高气象行业的总体效益，依据《中华人民共和国气象法》，结合气象行业实际，制定本规定。

第二条 各级气象主管机构及其所属的气象台站、国务院其他有关部门和省、自治区、直辖市人民政府其他有关部门及其所属的气象台站等以及其他组织和个人，在中华人民共和国领域和中华人民共和国管辖的其他海域从事气象活动，应当遵守本规定。

第三条 国务院气象主管机构负责全国气象行业管理工作。

地方各级气象主管机构在上级气象主管机构和本级人民政府的领导下，负责本行政区域内的气象行业管理工作。

第四条 各级气象主管机构应当组织制定气象行业规划和政策，完善气象行业法规和标准，强化气象行业监督，加强气象行业协调、指导和服务，合理配置国家对气象行业的投入。

第五条 各级气象主管机构应当组织开展气象行业的业务和科技合作与交流、气象科普宣传、气象科技成果推广等活动，提高气象工作水平。

第六条 国务院气象主管机构和省、自治区、直辖市气象主管机构应当按照合理布局、有效利用、兼顾当前与长远需要的原则编制气象事业发展规划。

全国气象事业发展规划，由国务院气象主管机构组织有关部门编制，报国务院或者有关部门批准后组织实施。

省、自治区、直辖市的气象事业发展规划，由省、自治区、直辖市气象主管机构根据全国气象事业发展规划，组织有关部门编制，经国务院气象主管机构和本级人民政府批准后实施。

国务院其他有关部门和省、自治区、直辖市人民政府其他有关部门，可以参考气象事业发展规划，结合本部门的业务实际，制定本部门或者本系统的气象事业发展规划，报国务院气象主管机构备案后，组织实施。

第七条 重要气象设施建设项目应当符合重要气象设施建设规划要求，并在项目建议书和可行性研究报告批准前，征求国务院气象主管机构或者省、自治区、直辖市气象主管机构的意见。

第八条 各级气象主管机构新建气象台站，应当按照审批权限，经国务院气象主管机构或者省、自治区、直辖市气象主管机构批准后方可建立。建设时，必须遵守气象台站的建设标准和规范。

国务院其他有关部门和省、自治区、直辖市人民政府其他有关部门以及其他组织和个人新建气象台站，应当执行气象台站建设的有关规定和标准、规范，投入运行后三个月内应当报当地省、自治区、直辖市气象主管机构备案。

为教学、科学研究、科普等开展的临时气象观测，投入运行后三个月内应当报当地省、自治区、直辖市气象主管机构备案。

第九条 各级气象主管机构迁移气象台站的，应当按照《气象设施和气象探测环境保护条例》第十八条的规定执行。

国务院其他有关部门和省、自治区、直辖市人民政府其他有关部门迁移、撤销本部门或者本系统气象台站的，迁移、撤销后三个月内应当报当地省、自治区、直辖市气象主管机构备案。

第十条 省、自治区、直辖市气象主管机构对本行政区域内的国务院其他有关部门或者省、自治区、直辖市人民政府其他有关部门以及其他组织和个人建设的气象台站情况，应当定期进行备案统计。

第十一条 国务院气象主管机构负责全国气象标准化工作的归口管理，统一组织制定、修订气象国家标准和行业标准、规范和规程。

省、自治区、直辖市气象主管机构可以根据需要，组织有关部门制定、修订气象地方标准、规范和规程。

第十二条 各级气象主管机构、国务院其他有关部门和省、自治区、直辖市人民政府其他有关部门应当组织气象标准、规范和规程的实施，其所属的气象台站应当遵守国家制定的气象标准、规范和规程。有特殊规定的，从其规定。

第十三条　国务院气象主管机构和省、自治区、直辖市气象主管机构应当加强气象信息网络系统建设，建立气象信息共享、共用平台，实现气象信息资源共享。

国务院气象主管机构和省、自治区、直辖市气象主管机构应当做好汇交气象资料的接收、保存、应用和监管工作。

第十四条　各级气象主管机构所属的气象台站，应当按照国务院气象主管机构的规定，进行气象探测并向有关气象主管机构汇交气象探测资料。未经上级气象主管机构批准，不得中止气象探测。

国务院其他有关部门和省、自治区、直辖市人民政府其他有关部门所属的气象台站及其他从事气象探测的组织和个人，应当按照国家有关规定向国务院气象主管机构或者省、自治区、直辖市气象主管机构汇交所获得的气象探测资料。

第十五条　参加汇交、共享的气象探测资料，应当符合国家制定的相关标准、规范、规程和国务院气象主管机构的有关要求。

具有大气环境影响评价资质的单位进行工程建设项目大气环境影响评价时，应当使用符合国家气象技术标准的气象资料。

第十六条　各级气象主管机构所属的气象台站应当按照职责向社会发布公众气象预报、灾害性天气警报和气象灾害预警信号，并根据天气变化情况及时补充或者订正。其他任何组织或者个人不得向社会发布公众气象预报、灾害性天气警报和气象灾害预警信号。

国务院其他有关部门和省、自治区、直辖市人民政府其他有关部门所属的气象台站，可以发布供本系统使用的专项气象预报，但不得以任何形式向社会公开发布。

各级气象主管机构应当加强对国务院其他有关部门和省、

自治区、直辖市人民政府其他有关部门所属的气象台站预报业务和服务工作的指导，提高其业务水平和服务能力。

第十七条 气象台站应当使用标有质量标识，并由国务院气象主管机构颁发使用许可证的气象专用技术装备。

未经检定、检定不合格或者超过检定有效期的气象计量器具不得在气象业务中使用。

第十八条 国务院气象主管机构或者省、自治区、直辖市气象主管机构应当根据气象事业发展需要，会同有关部门，提出气象行业专业技术人员定期培训要求，制定业务技术培训计划，并组织实施。

第十九条 外国组织和个人在中华人民共和国领域及其管辖的其他海域单独或者合作从事气象活动，应当经国务院气象主管机构会同有关部门批准。

台湾、香港、澳门地区的组织和个人在中华人民共和国领域及其管辖的其他海域单独或者合作从事气象活动，参照本办法执行。

第二十条 各级气象主管机构应当会同有关部门定期组织对气象台站执行气象标准、规范、规程等情况的监督检查，对不符合规定的，限期改正。

第二十一条 重要气象设施建设项目不符合重要气象设施建设规划要求，未在项目建议书和可行性研究报告批准前，征求国务院气象主管机构或者省、自治区、直辖市气象主管机构的意见的，由当地气象主管机构报请本级人民政府责令改正；造成重大损失的，由当地人民政府依法追究有关责任人的行政责任。

第二十二条 违反本办法，有下列行为之一的，由有关气象主管机构按照权限依法提请当地人民政府或者上级主管部门责令其限期改正，情节严重的给予警告：

（一）未遵守国家制定的气象标准、规范、规程的；

（二）逾期未向当地省、自治区、直辖市气象主管机构备案的。

第二十三条 本规定未作规范的，按照《中华人民共和国气象法》以及其他法律、法规、规章规定执行。

第二十四条 中华人民共和国缔结或者参加的有关气象活动的国际条约与本规定有不同规定的，适用该国际条约的规定；但是，中华人民共和国声明保留的条款除外。

第二十五条 本规定自2017年5月1日起施行。2005年12月6日发布的中国气象局第12号令《气象行业管理若干规定》同时废止。

气象行政许可实施办法

中国气象局令

第 33 号

《气象行政许可实施办法》已经 2017 年 1 月 6 日中国气象局局务会议审议通过，现予公布，自公布之日起施行。

中国气象局局长
2017 年 1 月 18 日

第一章 总 则

第一条 为了规范气象行政许可行为，保护公民、法人和其他组织的合法权益，保障和监督气象主管机构有效实施行政管理，根据《中华人民共和国行政许可法》《中华人民共和国气象法》《人工影响天气管理条例》《通用航空飞行管制条例》《气象灾害防御条例》《气象设施和气象探测环境保护条例》等有关法律、法规的规定，制定本办法。

第二条 本办法所称气象行政许可，是指县级以上气象主管机构根据公民、法人或者其他组织的申请，经依法审查，准予其从事特定活动的行为。

第三条 实施气象行政许可，适用本办法。

第四条 实施气象行政许可，遵循公开、公平、公正的原则。

气象行政许可的规定、技术标准和技术规范应当公布；未经公布的,不得作为实施气象行政许可的依据。气象行政许可的实施和结果,除涉及国家秘密、商业秘密或者个人隐私的外,应当公开。

符合法定条件、标准的,申请人有依法取得气象行政许可的权利。

第五条 实施气象行政许可,应当遵循便民、高效原则,提供优质服务,提高办事效率。

第六条 公民、法人或者其他组织对气象主管机构实施的气象行政许可,享有陈述权、申辩权;有权依法申请行政复议或者提起行政诉讼;其合法权益受到损害的,有权依法要求赔偿。

第七条 依法取得的行政许可,除法律、法规规定依照法定条件和程序可以转让的外,不得转让。

被许可人不得涂改、伪造、倒卖、出租、出借气象行政许可证件或者以其他形式非法转让气象行政许可。

第八条 气象主管机构实施气象行政许可,不得在法定条件之外附加其他条件,不得向申请人提出购买指定产品、接受有偿服务等不正当要求。

气象主管机构及其工作人员办理气象行政许可或者实施监督检查,不得索取或者收受申请人财物,不得谋取其他利益。

第二章 许可项目与实施机关

第九条 气象行政许可由县级以上气象主管机构依照法定的权限、条件和程序在法定职权范围内实施。

第十条 下列气象行政许可项目由国务院气象主管机构实施:

(一)大气本底站、国家基准气候站、国家基本气象站迁建审批;

（二）气象专用技术装备（含人工影响天气作业设备）使用审批；

（三）外国组织和个人在华从事气象活动审批；

（四）法律、行政法规规定的由国务院气象主管机构实施的其他气象行政许可项目。

电力、通信防雷装置检测单位资质认定由国务院气象主管机构和国务院电力或者通信主管部门共同认定。

第十一条　下列气象行政许可项目由省、自治区、直辖市气象主管机构实施：

（一）除电力、通信以外的防雷装置检测单位资质认定；

（二）升放无人驾驶自由气球、系留气球单位资质认定；

（三）防雷装置设计审核与竣工验收；

（四）新建、扩建、改建建设工程避免危害气象探测环境审批；

（五）除大气本底站、国家基准气候站、国家基本气象站以外的气象台站迁建审批；

（六）升放无人驾驶自由气球或者系留气球活动审批；

（七）法律、法规、地方政府规章规定的由省、自治区、直辖市气象主管机构实施的其他气象行政许可项目。

第十二条　下列气象行政许可项目由设区的市级气象主管机构实施：

（一）防雷装置设计审核与竣工验收；

（二）升放无人驾驶自由气球、系留气球单位资质认定；

（三）升放无人驾驶自由气球或者系留气球活动审批；

（四）法律、法规、地方政府规章规定的由设区的市级气象主管机构实施的其他气象行政许可项目。

第十三条　下列气象行政许可项目由县级气象主管机构实施：

（一）防雷装置设计审核与竣工验收；

（二）升放无人驾驶自由气球或者系留气球活动审批；

（三）法律、法规、地方政府规章规定的由县级气象主管机构实施的其他气象行政许可项目。

第十四条 防雷装置设计审核与竣工验收，升放无人驾驶自由气球、系留气球单位资质认定，升放无人驾驶自由气球、系留气球活动审批等气象行政许可项目的审批权限，由省、自治区、直辖市气象主管机构在法定权限内确定。

第三章 实施程序

第十五条 公民、法人或者其他组织从事特定活动，依法需要取得气象行政许可的，应当向有关气象主管机构提出申请。申请书需要采用格式文本的，气象主管机构应当向申请人提供气象行政许可申请书格式文本。申请书格式文本中不得包含与申请气象行政许可事项没有直接关系的内容。

申请人可以委托代理人提出气象行政许可申请，委托代理人提出气象行政许可申请的，应当提交授权委托书。授权委托书应当载明授权委托事项、授权范围和时限。

第十六条 建立气象行政许可服务窗口的气象主管机构，由该服务窗口负责统一受理气象行政许可申请，统一送达气象行政许可决定；没有建立服务窗口的，应当由该气象主管机构确定的机构设立专门岗位负责统一受理气象行政许可申请，统一送达气象行政许可决定。

第十七条 气象主管机构应当将法律、法规、规章规定的有关气象行政许可的事项、依据、条件、数量、程序、期限以及需要提交的全部材料的目录和申请书示范文本等信息通过网站或其他方式向社会公开，便于申请人查询和办理。

申请人要求气象主管机构对公示内容予以说明、解释的，气象主管机构应当说明、解释，提供准确、可靠的信息。

第十八条 申请人申请气象行政许可，应当如实向气象主管机构提交有关材料和反映真实情况，并对其申请材料实质内容的真实性负责。气象主管机构不得要求申请人提交与其申请的气象行政许可事项无关的技术资料和其他材料。

办理气象行政许可的工作人员在收到申请人提交的申请材料后，除依法可以当场作出不予受理决定外，应当及时将收到行政许可申请时间、申请人、申请事项、提交材料情况等进行登记。

第十九条 气象主管机构对申请人提出的气象行政许可申请，应当根据下列情况分别作出处理：

（一）申请事项依法不需要取得气象行政许可的，应当即时告知申请人不受理；

（二）申请事项依法不属于本气象主管机构职权范围的，应当即时作出不予受理的决定，并告知申请人向有关行政机关申请；

（三）申请材料存在可以当场更正的错误的，应当允许申请人当场更正；

（四）申请材料不齐全或者不符合法定形式的，应当当场或者在五日内一次告知申请人需要补正的全部内容，逾期不告知的，自收到申请材料之日起即为受理；

（五）申请事项属于本气象主管机构职权范围，申请材料齐全、符合法定形式或者申请人按照本气象主管机构的要求提交全部补正申请材料的，应当受理行政许可申请。

气象主管机构受理或者不予受理行政许可申请，应当出具加盖本气象主管机构专用印章和注明日期的书面凭证。不予受理的,还应当说明理由。

第二十条 申请人提交的申请材料齐全、符合法定形式、气象主管机构能够当场作出决定的,应当当场作出书面的行政许可决定。需要对申请材料的实质内容进行核实的,应当指派两名以上工作人员进行核查,制作现场核查记录,并由核查人员和被核查方签字确认。

第二十一条 依法应当先经下级气象主管机构审查后报上级气象主管机构决定的气象行政许可,下级气象主管机构受理申请后,应当在法定期限内进行初步审查,审查完毕后将初审建议和全部申请材料直接报送上级气象主管机构。上级气象主管机构不得要求申请人重复提供申请材料。

第二十二条 气象主管机构在审查气象行政许可申请时,涉及专业知识或者技术问题需要评审、评价或者检测的,可以委托专业机构或者专家进行评审、评价或者检测,并由专业机构或者专家出具评审、评价建议或者检测报告。

气象主管机构应当参考评审、评价建议或者检测报告作出行政许可决定。

第二十三条 法律、法规、规章规定实施气象行政许可应当听证的事项,或者气象主管机构认为需要听证的其他涉及公共利益的重大气象行政许可事项,气象主管机构应当向社会公告,并按照《中华人民共和国行政许可法》的有关规定举行听证。

第二十四条 申请人的申请符合法定条件的,气象主管机构应当依法作出准予行政许可的书面决定。气象主管机构依法作出不予行政许可的书面决定的,应当说明理由,并告知申请人享有依法申请行政复议或者提起行政诉讼的权利。

第二十五条 气象主管机构作出准予行政许可的决定,依法需要颁发行政许可证件的，应当向申请人颁发加盖本气象主管机构印章的行政许可证件。

气象行政许可证件可以采取以下形式：

（一）许可证或者其他许可证书；

（二）资质证或者其他合格证书；

（三）批准文件或者证明文件；

（四）法律、法规规定的其他行政许可证件。

第二十六条 除当场作出行政许可决定的外，气象主管机构应当自受理气象行政许可申请之日起二十日内作出行政许可决定。二十日内不能作出决定的，经本气象主管机构负责人批准，可以延长十日，并应当将延长期限的理由告知申请人。

先经下级气象主管机构审查后报上级气象主管机构决定的气象行政许可，下级气象主管机构应当自其受理气象行政许可申请之日起二十日内审查完毕。

依法需要听证、评审、评价、检测、鉴定的，应当在受理气象行政许可申请之日起三个月内进行，所需时间不计算在本办法规定的期限内，但应当将所需时间书面告知申请人。

法律、法规另有规定的，依照其规定。

第二十七条 被许可人要求变更气象行政许可事项，符合法定条件、标准的，作出行政许可决定的气象主管机构应当在受理申请之日起二十日内依法办理变更手续，并作出准予变更行政许可的决定；不符合法定条件、标准的，应当作出不予变更行政许可的决定。

第二十八条 被许可人需要延续依法取得的气象行政许可的有效期的，应当在该行政许可有效期届满三十日前向作出行政许可决定的气象主管机构提出申请。法律、法规、规章另有规定的，依照其规定。

气象主管机构应当根据被许可人的申请，在该行政许可有效期届满前作出是否准予延续的决定；逾期未作决定的，视为准予延续。

第四章 监督管理

第二十九条 气象主管机构应当对公民、法人或者其他组织从事气象行政许可事项的活动实施监督检查。

气象主管机构依法对被许可人从事行政许可事项的活动进行检查时，应当将检查的情况和处理结果予以记录，由执法检查人员签字后归档。除涉及国家秘密、商业秘密或者个人隐私事项外，公众有权查阅执法检查记录。

第三十条 上级气象主管机构应当加强对下级气象主管机构实施行政许可的监督检查，及时纠正实施气象行政许可过程中的违法行为。

气象主管机构的内设机构承担具体业务范围内行政许可的监督检查工作，并以本级气象主管机构的名义开展监督检查。

第三十一条 公民、法人或者其他组织发现违法从事气象行政许可事项活动的，有权向气象主管机构举报，气象主管机构应当及时核实、处理。

第三十二条 被许可人在作出行政许可决定的气象主管机构管辖区域外违法从事气象行政许可事项活动的，违法行为发生地的气象主管机构应当依法作出处理，并将被许可人的违法事实、处理结果抄告作出行政许可决定的气象主管机构。

第三十三条 气象主管机构在执法检查时，发现直接关系公共安全、人身健康、生命财产安全的重要设备、设施存在安全隐患的，应当责令停止使用，并限期改正。

第三十四条 有下列情形之一的，作出行政许可决定的气

象主管机构或者其上级气象主管机构,根据利害关系人的请求或者依据职权,可以撤销气象行政许可:

(一)气象主管机构工作人员滥用职权、玩忽职守作出准予行政许可决定的;

(二)超越法定职权作出准予行政许可决定的;

(三)违反法定程序作出准予行政许可决定的;

(四)对不具备申请资格或者不符合法定条件的申请人准予行政许可的;

(五)依法可以撤销气象行政许可的其他情形。

依照本条第一款的规定撤销气象行政许可,被许可人的合法权益受到损害的,气象主管机构应当依法给予赔偿。

被许可人以欺骗、贿赂等不正当手段取得气象行政许可的,应当予以撤销。被许可人基于气象行政许可取得的利益不受保护。

第三十五条 有下列情形之一的,气象主管机构应当依法办理有关气象行政许可的注销手续。注销行政许可,应当作出书面决定,并告知申请人注销的理由和依据:

(一)气象行政许可有效期届满未延续的;

(二)法人或者其他组织依法终止的;

(三)气象行政许可依法被撤销、撤回,或者气象行政许可证件依法被吊销的;

(四)因不可抗力导致气象行政许可事项无法实施的;

(五)法律、法规规定的应当注销气象行政许可的其他情形。

第五章 法律责任

第三十六条 气象主管机构及其工作人员违反本办法的规

定,有下列情形之一的,由其上级气象主管机构责令改正;情节严重的,对直接负责的主管人员和其他直接责任人员依法给予行政处分:

(一)对符合法定条件的气象行政许可不予受理的;

(二)不在办公场所公示应当公示的材料的;

(三)在受理、审查、决定气象行政许可过程中,未向申请人履行法定告知义务的;

(四)申请人提交的申请材料不齐全、不符合法定形式,不一次告知申请人必须补正全部内容的;

(五)未依法说明不受理气象行政许可申请或者不予气象行政许可理由的;

(六)依法应当举行听证而不举行听证的。

第三十七条　气象主管机构工作人员办理气象行政许可、实施监督检查,索取或者收受他人财物或者谋取其他利益,构成犯罪的,依法追究刑事责任;尚不构成犯罪的,依法给予行政处分。

第三十八条　气象主管机构实施行政许可,有下列情形之一的,由其上级气象主管机构责令改正,对直接负责的主管人员和其他直接责任人员依法给予行政处分;构成犯罪的,依法追究刑事责任:

(一)对不符合法定条件的申请人准予行政许可或者超越法定职权作出准予行政许可决定的;

(二)对符合法定条件的申请人不予行政许可或者不在法定期限内作出准予行政许可决定的。

第三十九条　申请人隐瞒有关情况或者提供虚假材料申请气象行政许可的,气象主管机构不予受理或者不予行政许可,并给予警告;气象行政许可申请属于施放气球、雷电防护等直接关系公共安全、人身健康、生命财产安全事项的，申请人在一年内不得再次申请该气象行政许可。

第四十条 被许可人以欺骗、贿赂等不正当手段取得气象行政许可的，气象主管机构应当撤销该行政许可，可并处三万元以下的罚款；取得的气象行政许可属于施放气球、雷电防护等直接关系公共安全、人身健康、生命财产安全事项的，申请人在三年内不得再次申请该气象行政许可；构成犯罪的，依法追究刑事责任。

第四十一条 被许可人有下列行为之一的，由有关气象主管机构按照权限给予警告，责令改正，撤销该气象行政许可，可以并处三万元以下的罚款；构成犯罪的，依法追究刑事责任：

（一）涂改、伪造、倒卖、出租、出借气象行政许可证件，或者以其他形式非法转让气象行政许可的；

（二）超越气象行政许可范围进行活动的；

（三）向负责监督检查的气象主管机构隐瞒有关情况、提供虚假材料或者拒绝提供反映其活动情况的真实材料的。

第四十二条 公民、法人或者其他组织未经行政许可，擅自从事依法应当取得气象行政许可的活动的，由有关气象主管机构依照有关法律法规规章进行处罚。

第六章 附 则

第四十三条 气象主管机构实施行政许可和对行政许可进行监督检查，不得收取任何费用。但是，法律、行政法规另有规定的，依照其规定。

实施气象行政许可所需经费应当列入气象主管机构的财政预算，由财政予以保障。

第四十四条 本办法规定的气象主管机构实施气象行政许

可的期限以工作日计算，不含法定节假日。

第四十五条 本办法未作规定的事项，按照《中华人民共和国行政许可法》的有关规定执行。

有关部门规章对气象行政许可有特殊规定的，依照其规定。

台湾、香港、澳门地区的组织和个人在中华人民共和国领域及其管辖的其他海域单独或者合作从事气象活动，参照本办法执行。

第四十六条 本办法自 2017 年 5 月 1 日起施行。2006 年 11 月 24 日公布的中国气象局第 15 号令《气象行政许可实施办法》和 2008 年 10 月 9 日公布的中国气象局第 17 号令《中国气象局关于修改〈气象行政许可实施办法〉的决定》同时废止。

防雷减灾管理办法

中国气象局令

第 24 号

现公布《中国气象局关于修改〈防雷减灾管理办法〉的决定》，自 2013 年 6 月 1 日起施行。

中国气象局局长

二○一三年五月三十一日

第一章 总 则

第一条 为了加强雷电灾害防御工作，规范雷电灾害管理，提高雷电灾害防御能力和水平，保护国家利益和人民生命财产安全，维护公共安全，促进经济建设和社会发展，依据《中华人民共和国气象法》、《中华人民共和国行政许可法》和《气象灾害防御条例》等法律、法规的有关规定，制定本办法。

第二条 在中华人民共和国领域和中华人民共和国管辖的其他海域内从事雷电灾害防御活动的组织和个人，应当遵守本办法。

本办法所称雷电灾害防御（以下简称防雷减灾），是指防御和减轻雷电灾害的活动，包括雷电和雷电灾害的研究、监测、预警、风险评估、防护以及雷电灾害的调查、鉴定等。

第三条 防雷减灾工作，实行安全第一、预防为主、防治结合的原则。

第四条 国务院气象主管机构负责组织管理和指导全国防雷减灾工作。

地方各级气象主管机构在上级气象主管机构和本级人民政府的领导下，负责组织管理本行政区域内的防雷减灾工作。

国务院其他有关部门和地方各级人民政府其他有关部门应当按照职责做好本部门和本单位的防雷减灾工作，并接受同级气象主管机构的监督管理。

第五条 国家鼓励和支持防雷减灾的科学技术研究和开发，推广应用防雷科技研究成果，加强防雷标准化工作，提高防雷技术水平，开展防雷减灾科普宣传，增强全民防雷减灾意识。

第六条 外国组织和个人在中华人民共和国领域和中华人民共和国管辖的其他海域从事防雷减灾活动，应当经国务院气象主管机构会同有关部门批准，并在当地省级气象主管机构备案，接受当地省级气象主管机构的监督管理。

第二章 监测与预警

第七条 国务院气象主管机构应当组织有关部门按照合理布局、信息共享、有效利用的原则，规划全国雷电监测网，避免重复建设。

地方各级气象主管机构应当组织本行政区域内的雷电监测网建设，以防御雷电灾害。

第八条 各级气象主管机构应当加强雷电灾害预警系统的建设工作，提高雷电灾害预警和防雷减灾服务能力。

第九条 各级气象主管机构所属气象台站应当根据雷电灾害防御的需要，按照职责开展雷电监测，并及时向气象主管机构和有关灾害防御、救助部门提供雷电监测信息。

有条件的气象主管机构所属气象台站可以开展雷电预报，并及时向社会发布。

第十条 各级气象主管机构应当组织有关部门加强对雷电和雷电灾害的发生机理等基础理论和防御技术等应用理论的研究，并加强对防雷减灾技术和雷电监测、预警系统的研究和开发。

第三章 防雷工程

第十一条 各类建（构）筑物、场所和设施安装的雷电防护装置（以下简称防雷装置），应当符合国家有关防雷标准和国务院气象主管机构规定的使用要求，并由具有相应资质的单位承担设计、施工和检测。

本办法所称防雷装置，是指接闪器、引下线、接地装置、电涌保护器及其连接导体等构成的，用以防御雷电灾害的设施或者系统。

第十二条 对从事防雷工程专业设计和施工的单位实行资质认定。

本办法所称防雷工程，是指通过勘察设计和安装防雷装置形成的雷电灾害防御工程实体。

防雷工程专业设计或者施工资质分为甲、乙、丙三级，由省、自治区、直辖市气象主管机构认定。

第十三条 防雷工程专业设计或者施工单位，应当按照有关规定取得相应的资质证书后，方可在其资质等级许可的范围内从事防雷工程专业设计或者施工。具体办法由国务院气象主管机构另行制定。

第十四条 防雷工程专业设计或者施工单位，应当按照相应的资质等级从事防雷工程专业设计或者施工。禁止无资质或者超出资质许可范围承担防雷工程专业设计或者施工。

第十五条 防雷装置的设计实行审核制度。

县级以上地方气象主管机构负责本行政区域内的防雷装置的设计审核。符合要求的，由负责审核的气象主管机构出具核准文件；不符合要求的，负责审核的气象主管机构提出整改要求，退回申请单位修改后重新申请设计审核。未经审核或者未取得核准文件的设计方案，不得交付施工。

第十六条 防雷工程的施工单位应当按照审核同意的设计方案进行施工，并接受当地气象主管机构监督管理。

在施工中变更和修改设计方案的，应当按照原申请程序重新申请审核。

第十七条 防雷装置实行竣工验收制度。

县级以上地方气象主管机构负责本行政区域内的防雷装置的竣工验收。

负责验收的气象主管机构接到申请后，应当根据具有相应资质的防雷装置检测机构出具的检测报告进行核实。符合要求的，由气象主管机构出具验收文件。不符合要求的，负责验收的气象主管机构提出整改要求，申请单位整改后重新申请竣工验收。未取得验收合格文件的防雷装置，不得投入使用。

第十八条 出具检测报告的防雷装置检测机构，应当对隐蔽工程进行逐项检测，并对检测结果负责。检测报告作为竣工验收的技术依据。

第四章　防雷检测

第十九条　投入使用后的防雷装置实行定期检测制度。防雷装置应当每年检测一次,对爆炸和火灾危险环境场所的防雷装置应当每半年检测一次。

第二十条　防雷装置检测机构的资质由省、自治区、直辖市气象主管机构负责认定。

第二十一条　防雷装置检测机构对防雷装置检测后,应当出具检测报告。不合格的,提出整改意见。被检测单位拒不整改或者整改不合格的,防雷装置检测机构应当报告当地气象主管机构,由当地气象主管机构依法作出处理。

防雷装置检测机构应当执行国家有关标准和规范,出具的防雷装置检测报告必须真实可靠。

第二十二条　防雷装置所有人或受托人应当指定专人负责,做好防雷装置的日常维护工作。发现防雷装置存在隐患时,应当及时采取措施进行处理。

第二十三条　已安装防雷装置的单位或者个人应当主动委托有相应资质的防雷装置检测机构进行定期检测,并接受当地气象主管机构和当地人民政府安全生产管理部门的管理和监督检查。

第五章　雷电灾害调查、鉴定

第二十四条　各级气象主管机构负责组织雷电灾害调查、鉴定工作。

其他有关部门和单位应当配合当地气象主管机构做好雷电灾害调查、鉴定工作。

第二十五条　遭受雷电灾害的组织和个人，应当及时向当地气象主管机构报告，并协助当地气象主管机构对雷电灾害进行调查与鉴定。

第二十六条　地方各级气象主管机构应当及时向当地人民政府和上级气象主管机构上报本行政区域内的重大雷电灾情和年度雷电灾害情况。

第二十七条　大型建设工程、重点工程、爆炸和火灾危险环境、人员密集场所等项目应当进行雷电灾害风险评估，以确保公共安全。

各级地方气象主管机构按照有关规定组织进行本行政区域内的雷电灾害风险评估工作。

第六章　防雷产品

第二十八条　防雷产品应当符合国务院气象主管机构规定的使用要求。

第二十九条　防雷产品应当由国务院气象主管机构授权的检测机构测试，测试合格并符合相关要求后方可投入使用。

申请国务院气象主管机构授权的防雷产品检测机构，应当按照国家有关规定通过计量认证、获得资格认可。

第三十条　防雷产品的使用，应当到省、自治区、直辖市气象主管机构备案，并接受省、自治区、直辖市气象主管机构的监督检查。

第七章　罚　则

第三十一条　申请单位隐瞒有关情况、提供虚假材料申请资质认定、设计审核或者竣工验收的，有关气象主管机构不予受理或者不予行政许可，并给予警告。申请单位在一年内不得再次申请资质认定。

第三十二条 被许可单位以欺骗、贿赂等不正当手段取得资质、通过设计审核或者竣工验收的，有关气象主管机构按照权限给予警告，可以处1万元以上3万元以下罚款；已取得资质、通过设计审核或者竣工验收的，撤销其许可证书；被许可单位三年内不得再次申请资质认定；构成犯罪的，依法追究刑事责任。

第三十三条 违反本办法规定，有下列行为之一的，由县级以上气象主管机构按照权限责令改正，给予警告，可以处5万元以上10万元以下罚款；给他人造成损失的，依法承担赔偿责任；构成犯罪的，依法追究刑事责任：

（一）涂改、伪造、倒卖、出租、出借、挂靠资质证书、资格证书或者许可文件的；

（二）向负责监督检查的机构隐瞒有关情况、提供虚假材料或者拒绝提供反映其活动情况的真实材料的。

第三十四条 违反本办法规定，有下列行为之一的，由县级以上气象主管机构按照权限责令改正，给予警告，可以处5万元以上10万元以下罚款；给他人造成损失的，依法承担赔偿责任：

（一）不具备防雷装置检测、防雷工程专业设计或者施工资质，擅自从事相关活动的；

（二）超出防雷装置检测、防雷工程专业设计或者施工资质等级从事相关活动的；

（三）防雷装置设计未经当地气象主管机构审核或者审核未通过，擅自施工的；

（四）防雷装置未经当地气象主管机构验收或者未取得验收文件，擅自投入使用的。

第三十五条 违反本办法规定，有下列行为之一的，由县级以上气象主管机构按照权限责令改正，给予警告，可以处1万元以上3万元以下罚款；给他人造成损失的，依法承担赔偿责任；构成犯罪的，依法追究刑事责任：

（一）应当安装防雷装置而拒不安装的；

（二）使用不符合使用要求的防雷装置或者产品的；

（三）已有防雷装置，拒绝进行检测或者经检测不合格又拒不整改的；

（四）对重大雷电灾害事故隐瞒不报的。

第三十六条 违反本办法规定，导致雷击造成火灾、爆炸、人员伤亡以及国家财产重大损失的，由主管部门给予直接责任人行政处分；构成犯罪的，依法追究刑事责任。

第三十七条 防雷工作人员由于玩忽职守，导致重大雷电灾害事故的，由所在单位依法给予行政处分；致使国家利益和人民生命财产遭到重大损失，构成犯罪的，依法追究刑事责任。

第八章 附 则

第三十八条 从事防雷专业技术的人员应当取得资格证书。

省级气象学会负责本行政区域内防雷专业技术人员的资格认定工作。防雷专业技术人员应当通过省级气象学会组织的考试，并取得相应的资格证书。

省级气象主管机构应当对本级气象学会开展防雷专业技术人员的资格认定工作进行监督管理。

第三十九条 本办法自2011年9月1日起施行。2005年2月1日中国气象局公布的《防雷减灾管理办法》同时废止。

中华人民共和国抗旱条例

中华人民共和国国务院令

第 552 号

《中华人民共和国抗旱条例》已经 2009 年 2 月 11 日国务院第 49 次常务会议通过，现予公布，自公布之日起施行。

总理　温家宝

二〇〇九年二月二十六日

第一章　总　则

第一条　为了预防和减轻干旱灾害及其造成的损失，保障生活用水，协调生产、生态用水，促进经济社会全面、协调、可持续发展，根据《中华人民共和国水法》，制定本条例。

第二条　在中华人民共和国境内从事预防和减轻干旱灾害的活动，应当遵守本条例。

本条例所称干旱灾害，是指由于降水减少、水工程供水不足引起的用水短缺，并对生活、生产和生态造成危害的事件。

第三条 抗旱工作坚持以人为本、预防为主、防抗结合和因地制宜、统筹兼顾、局部利益服从全局利益的原则。

第四条 县级以上人民政府应当将抗旱工作纳入本级国民经济和社会发展规划，所需经费纳入本级财政预算，保障抗旱工作的正常开展。

第五条 抗旱工作实行各级人民政府行政首长负责制，统一指挥、部门协作、分级负责。

第六条 国家防汛抗旱总指挥部负责组织、领导全国的抗旱工作。

国务院水行政主管部门负责全国抗旱的指导、监督、管理工作，承担国家防汛抗旱总指挥部的具体工作。国家防汛抗旱总指挥部的其他成员单位按照各自职责，负责有关抗旱工作。

第七条 国家确定的重要江河、湖泊的防汛抗旱指挥机构，由有关省、自治区、直辖市人民政府和该江河、湖泊的流域管理机构组成，负责协调所辖范围内的抗旱工作；流域管理机构承担流域防汛抗旱指挥机构的具体工作。

第八条 县级以上地方人民政府防汛抗旱指挥机构，在上级防汛抗旱指挥机构和本级人民政府的领导下，负责组织、指挥本行政区域内的抗旱工作。

县级以上地方人民政府水行政主管部门负责本行政区域内抗旱的指导、监督、管理工作，承担本级人民政府防汛抗旱指挥机构的具体工作。县级以上地方人民政府防汛抗旱指挥机构的其他成员单位按照各自职责，负责有关抗旱工作。

第九条 县级以上人民政府应当加强水利基础设施建设，完善抗旱工程体系，提高抗旱减灾能力。

第十条 各级人民政府、有关部门应当开展抗旱宣传教育活动，增强全社会抗旱减灾意识，鼓励和支持各种抗旱科学技术研究及其成果的推广应用。

第十一条　任何单位和个人都有保护抗旱设施和依法参加抗旱的义务。

第十二条　对在抗旱工作中做出突出贡献的单位和个人，按照国家有关规定给予表彰和奖励。

第二章　旱灾预防

第十三条　县级以上地方人民政府水行政主管部门会同同级有关部门编制本行政区域的抗旱规划，报本级人民政府批准后实施，并抄送上一级人民政府水行政主管部门。

第十四条　编制抗旱规划应当充分考虑本行政区域的国民经济和社会发展水平、水资源综合开发利用情况、干旱规律和特点、可供水资源量和抗旱能力以及城乡居民生活用水、工农业生产和生态用水的需求。

抗旱规划应当与水资源开发利用等规划相衔接。

下级抗旱规划应当与上一级的抗旱规划相协调。

第十五条　抗旱规划应当主要包括抗旱组织体系建设、抗旱应急水源建设、抗旱应急设施建设、抗旱物资储备、抗旱服务组织建设、旱情监测网络建设以及保障措施等。

第十六条　县级以上人民政府应当加强农田水利基础设施建设和农村饮水工程建设，组织做好抗旱应急工程及其配套设施建设和节水改造，提高抗旱供水能力和水资源利用效率。

县级以上人民政府水行政主管部门应当组织做好农田水利基础设施和农村饮水工程的管理和维护，确保其正常运行。

干旱缺水地区的地方人民政府及有关集体经济组织应当因地

制宜修建中小微型蓄水、引水、提水工程和雨水集蓄利用工程。

第十七条 国家鼓励和扶持研发、使用抗旱节水机械和装备，推广农田节水技术，支持旱作地区修建抗旱设施，发展旱作节水农业。

国家鼓励、引导、扶持社会组织和个人建设、经营抗旱设施，并保护其合法权益。

第十八条 县级以上地方人民政府应当做好干旱期城乡居民生活供水的应急水源贮备保障工作。

第十九条 干旱灾害频繁发生地区的县级以上地方人民政府，应当根据抗旱工作需要储备必要的抗旱物资，并加强日常管理。

第二十条 县级以上人民政府应当根据水资源和水环境的承载能力，调整、优化经济结构和产业布局，合理配置水资源。

第二十一条 各级人民政府应当开展节约用水宣传教育，推行节约用水措施，推广节约用水新技术、新工艺，建设节水型社会。

第二十二条 县级以上人民政府水行政主管部门应当做好水资源的分配、调度和保护工作，组织建设抗旱应急水源工程和集雨设施。

县级以上人民政府水行政主管部门和其他有关部门应当及时向人民政府防汛抗旱指挥机构提供水情、雨情和墒情信息。

第二十三条 各级气象主管机构应当加强气象科学技术研究，提高气象监测和预报水平，及时向人民政府防汛抗旱指挥机构提供气象干旱及其他与抗旱有关的气象信息。

第二十四条 县级以上人民政府农业主管部门应当做好农用抗旱物资的储备和管理工作，指导干旱地区农业种植结构的调整，培育和推广应用耐旱品种，及时向人民政府防汛抗旱指挥机构提供农业旱情信息。

第二十五条　供水管理部门应当组织有关单位，加强供水管网的建设和维护，提高供水能力，保障居民生活用水，及时向人民政府防汛抗旱指挥机构提供供水、用水信息。

第二十六条　县级以上人民政府应当组织有关部门，充分利用现有资源，建设完善旱情监测网络，加强对干旱灾害的监测。

县级以上人民政府防汛抗旱指挥机构应当组织完善抗旱信息系统，实现成员单位之间的信息共享，为抗旱指挥决策提供依据。

第二十七条　国家防汛抗旱总指挥部组织其成员单位编制国家防汛抗旱预案，经国务院批准后实施。

县级以上地方人民政府防汛抗旱指挥机构组织其成员单位编制抗旱预案，经上一级人民政府防汛抗旱指挥机构审查同意，报本级人民政府批准后实施。

经批准的抗旱预案，有关部门和单位必须执行。修改抗旱预案，应当按照原批准程序报原批准机关批准。

第二十八条　抗旱预案应当包括预案的执行机构以及有关部门的职责、干旱灾害预警、干旱等级划分和按不同等级采取的应急措施、旱情紧急情况下水量调度预案和保障措施等内容。

干旱灾害按照区域耕地和作物受旱的面积与程度以及因干旱导致饮水困难人口的数量，分为轻度干旱、中度干旱、严重干旱、特大干旱四级。

第二十九条　县级人民政府和乡镇人民政府根据抗旱工作的需要，加强抗旱服务组织的建设。县级以上地方各级人民政府应当加强对抗旱服务组织的扶持。

国家鼓励社会组织和个人兴办抗旱服务组织。

第三十条　各级人民政府应当对抗旱责任制落实、抗旱预案编制、抗旱设施建设和维护、抗旱物资储备等情况加强监督检查，发现问题应当及时处理或者责成有关部门和单位限期处理。

第三十一条 水工程管理单位应当定期对管护范围内的抗旱设施进行检查和维护。

第三十二条 禁止非法引水、截水和侵占、破坏、污染水源。禁止破坏、侵占、毁损抗旱设施。

第三章 抗旱减灾

第三十三条 发生干旱灾害，县级以上人民政府防汛抗旱指挥机构应当按照抗旱预案规定的权限，启动抗旱预案，组织开展抗旱减灾工作。

第三十四条 发生轻度干旱和中度干旱，县级以上地方人民政府防汛抗旱指挥机构应当按照抗旱预案的规定，采取下列措施：

（一）启用应急备用水源或者应急打井、挖泉；

（二）设置临时抽水泵站，开挖输水渠道或者临时在江河沟渠内截水；

（三）使用再生水、微咸水、海水等非常规水源，组织实施人工增雨；

（四）组织向人畜饮水困难地区送水。

采取前款规定的措施，涉及其他行政区域的，应当报共同的上一级人民政府防汛抗旱指挥机构或者流域防汛抗旱指挥机构批准；涉及其他有关部门的，应当提前通知有关部门。旱情解除后，应当及时拆除临时取水和截水设施，并及时通报有关部门。

第三十五条 发生严重干旱和特大干旱，国家防汛抗旱总指挥部应当启动国家防汛抗旱预案，总指挥部各成员单位应当按照防汛抗旱预案的分工，做好相关工作。

严重干旱和特大干旱发生地的县级以上地方人民政府在防汛抗旱指挥机构采取本条例第三十四条规定的措施外，还可以采取下列措施：

（一）压减供水指标；

（二）限制或者暂停高耗水行业用水；

（三）限制或者暂停排放工业污水；

（四）缩小农业供水范围或者减少农业供水量；

（五）限时或者限量供应城镇居民生活用水。

第三十六条 发生干旱灾害，县级以上地方人民政府应当按照统一调度、保证重点、兼顾一般的原则对水源进行调配，优先保障城乡居民生活用水，合理安排生产和生态用水。

第三十七条 发生干旱灾害，县级以上人民政府防汛抗旱指挥机构或者流域防汛抗旱指挥机构可以按照批准的抗旱预案，制订应急水量调度实施方案，统一调度辖区内的水库、水电站、闸坝、湖泊等所蓄的水量。有关地方人民政府、单位和个人必须服从统一调度和指挥，严格执行调度指令。

第三十八条 发生干旱灾害，县级以上地方人民政府防汛抗旱指挥机构应当及时组织抗旱服务组织，解决农村人畜饮水困难，提供抗旱技术咨询等方面的服务。

第三十九条 发生干旱灾害，各级气象主管机构应当做好气象干旱监测和预报工作，并适时实施人工增雨作业。

第四十条 发生干旱灾害，县级以上人民政府卫生主管部门应当做好干旱灾害发生地区疾病预防控制、医疗救护和卫生监督执法工作，监督、检测饮用水水源卫生状况，确保饮水卫生安全，防止干旱灾害导致重大传染病疫情的发生。

第四十一条 发生干旱灾害，县级以上人民政府民政部门应当做好干旱灾害的救助工作，妥善安排受灾地区群众基本生活。

第四十二条 干旱灾害发生地区的乡镇人民政府、街道办事处、村民委员会、居民委员会应当组织力量，向村民、居民宣传节水抗旱知识，协助做好抗旱措施的落实工作。

第四十三条 发生干旱灾害，供水企事业单位应当加强对供水、水源和抗旱设施的管理与维护，按要求启用应急备用水源，确保城乡供水安全。

第四十四条 干旱灾害发生地区的单位和个人应当自觉节约用水，服从当地人民政府发布的决定，配合落实人民政府采取的抗旱措施，积极参加抗旱减灾活动。

第四十五条 发生特大干旱，严重危及城乡居民生活、生产用水安全，可能影响社会稳定的，有关省、自治区、直辖市人民政府防汛抗旱指挥机构经本级人民政府批准，可以宣布本辖区内的相关行政区域进入紧急抗旱期，并及时报告国家防汛抗旱总指挥部。

特大干旱旱情缓解后，有关省、自治区、直辖市人民政府防汛抗旱指挥机构应当宣布结束紧急抗旱期，并及时报告国家防汛抗旱总指挥部。

第四十六条 在紧急抗旱期，有关地方人民政府防汛抗旱指挥机构应当组织动员本行政区域内各有关单位和个人投入抗旱工作。所有单位和个人必须服从指挥，承担人民政府防汛抗旱指挥机构分配的抗旱工作任务。

第四十七条 在紧急抗旱期，有关地方人民政府防汛抗旱指挥机构根据抗旱工作的需要，有权在其管辖范围内征用物资、设备、交通运输工具。

第四十八条 县级以上地方人民政府防汛抗旱指挥机构应当组织有关部门，按照干旱灾害统计报表的要求，及时核实和统计所管辖范围内的旱情、干旱灾害和抗旱情况等信息，报上一级人民政府防汛抗旱指挥机构和本级人民政府。

第四十九条 国家建立抗旱信息统一发布制度。旱情由县级以上人民政府防汛抗旱指挥机构统一审核、发布；旱灾由县级以上人民政府水行政主管部门会同同级民政部门审核、发布；农业灾情由县级以上人民政府农业主管部门发布；与抗旱有关的气象信息由气象主管机构发布。

报刊、广播、电视和互联网等媒体，应当及时刊播抗旱信息并标明发布机构名称和发布时间。

第五十条 各级人民政府应当建立和完善与经济社会发展水平以及抗旱减灾要求相适应的资金投入机制，在本级财政预算中安排必要的资金，保障抗旱减灾投入。

第五十一条 因抗旱发生的水事纠纷，依照《中华人民共和国水法》的有关规定处理。

第四章 灾后恢复

第五十二条 旱情缓解后，各级人民政府、有关主管部门应当帮助受灾群众恢复生产和灾后自救。

第五十三条 旱情缓解后，县级以上人民政府水行政主管部门应当对水利工程进行检查评估，并及时组织修复遭受干旱灾害损坏的水利工程；县级以上人民政府有关主管部门应当将遭受干旱灾害损坏的水利工程，优先列入年度修复建设计划。

第五十四条 旱情缓解后，有关地方人民政府防汛抗旱指挥机构应当及时归还紧急抗旱期征用的物资、设备、交通运输工具等，并按照有关法律规定给予补偿。

第五十五条 旱情缓解后，县级以上人民政府防汛抗旱指挥机构应当及时组织有关部门对干旱灾害影响、损失情况以及抗旱工作效果进行分析和评估；有关部门和单位应当予以配合，主动向本级人民政府防汛抗旱指挥机构报告相关情况，不得虚报、瞒报。

县级以上人民政府防汛抗旱指挥机构也可以委托具有灾害评估专业资质的单位进行分析和评估。

第五十六条　抗旱经费和抗旱物资必须专项使用，任何单位和个人不得截留、挤占、挪用和私分。

各级财政和审计部门应当加强对抗旱经费和物资管理的监督、检查和审计。

第五十七条　国家鼓励在易旱地区逐步建立和推行旱灾保险制度。

第五章　法律责任

第五十八条　违反本条例规定，有下列行为之一的，由所在单位或者上级主管机关、监察机关责令改正；对直接负责的主管人员和其他直接责任人员依法给予处分；构成犯罪的，依法追究刑事责任：

（一）拒不承担抗旱救灾任务的；

（二）擅自向社会发布抗旱信息的；

（三）虚报、瞒报旱情、灾情的；

（四）拒不执行抗旱预案或者旱情紧急情况下的水量调度预案以及应急水量调度实施方案的；

（五）旱情解除后，拒不拆除临时取水和截水设施的；

（六）滥用职权、徇私舞弊、玩忽职守的其他行为。

第五十九条　截留、挤占、挪用、私分抗旱经费的，依照有关财政违法行为处罚处分等法律、行政法规的规定处罚；构成犯罪的，依法追究刑事责任。

第六十条　违反本条例规定，水库、水电站、拦河闸坝等工程的管理单位以及其他经营工程设施的经营者拒不服从统一调度和指挥的，由县级以上人民政府水行政主管部门或者流域管理机构责令改正，给予警告；拒不改正的，强制执行，处1万元以上5万元以下的罚款。

第六十一条　违反本条例规定，侵占、破坏水源和抗旱设施的，由县级以上人民政府水行政主管部门或者流域管理机构责令停止违法行为，采取补救措施，处1万元以上5万元以下的罚款；造成损坏的，依法承担民事责任；构成违反治安管理行为的，依照《中华人民共和国治安管理处罚法》的规定处罚；构成犯罪的，依法追究刑事责任。

第六十二条　违反本条例规定，抢水、非法引水、截水或者哄抢抗旱物资的，由县级以上人民政府水行政主管部门或者流域管理机构责令停止违法行为，予以警告；构成违反治安管理行为的，依照《中华人民共和国治安管理处罚法》的规定处罚；构成犯罪的，依法追究刑事责任。

第六十三条　违反本条例规定，阻碍、威胁防汛抗旱指挥机构、水行政主管部门或者流域管理机构的工作人员依法执行职务的，由县级以上人民政府水行政主管部门或者流域管理机构责令改正，予以警告；构成违反治安管理行为的，依照《中华人民共和国治安管理处罚法》的规定处罚；构成犯罪的，依法追究刑事责任。

第六章　附　　则

第六十四条　中国人民解放军和中国人民武装警察部队参加抗旱救灾，依照《军队参加抢险救灾条例》的有关规定执行。

第六十五条　本条例自公布之日起施行。